JN238823

売上を伸ばす 利益を出す

やさしくわかる
「お店の数字」

株式会社船井総合研究所
経営コンサルタント
山田公一

日本実業出版社

● はじめに ●

「もうかるお店」と「もうからないお店」の違いは何でしょうか。

　もうける秘訣は、「とにかく勘と度胸で売れる商品を掘り当て、好立地に出店し、あとは勢いに乗って……」といいたいところですが、そうもいきません。

　説明するまでもなく、今は経済が低成長どころかマイナス成長の時代です。運よくヒット商品を見つけても、それがいつまでもヒットしつづけるわけではありません。

　その変化のスピードは年々速くなっています。皆様も「つい数ヶ月前まで大人気だった商品が、今は見向きもされない」とか、「長い行列ができていたお店が、今は見る影もなく閑古鳥が鳴いている」という光景を何度か目にされていることでしょう。

　また、好立地にお店を構えれば当然ながら家賃も高くなり、そのほかのコスト負担（出費）も大きくなります。コストが大きい分だけリスクも大きくなりますから、しっかりともうかっているかどうか（採算性）を確認しておく必要があります。

　そして、流行の変化（売れ筋商品の変化など）のスピードが速まれば速まるほど、もうかるお店になるには正確・迅速にその変化に気付き、正しい意思決定をすることが求められます。そのための有効な道具が「数字」なのです。

　実際に、安定してもうけつづけているお店は、常に「どんな商品が売れているか」「どんな商品が売上を伸ばしているか」

はもちろんのこと、「無駄なコストはないか」「利益が確保できているか」まで数字を使ってしっかり把握し、戦略を立てています。

　つまり「もうかっているお店」の条件のひとつに、数字を店舗経営の武器として使いこなしていることが挙げられるのです。

　しかし、「数字が大事なのはわかっているけど、計算は昔から苦手だし、お店の運営に関わるすべての数字を押さえるなんて気が遠くなってしまう……」という人も多いでしょう。

　そこで本書では、実際に「もうけるために必要な数字」だけに絞り込み、数字が苦手な人にもわかりやすく紹介していきます。

　また一般的な「管理するための数字＝守りの数字」だけでなく、「売上を増やすための数字＝攻めの数字」にまで触れていきたいと思います。この「攻めの数字」は、船井総研では数理マーケティングと呼び、実際のお店の業績向上に役立てています。

　本書を読んで本当に必要なお店の数字を押さえることによって、皆様のお店が今よりさらに「もうかるお店」に変わることを祈っています。

2013年1月
　　　　　　株式会社　船井総合研究所　山田公一

# Contents

売上を伸ばす・利益を出す
# やさしくわかる「お店の数字」

はじめに

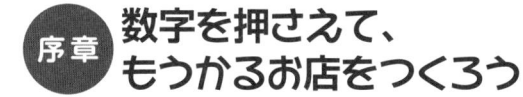

## 序章 数字を押さえて、もうかるお店をつくろう ……11

**1 お店の数字を押さえる3つのメリット** ……12
　小さな変化に早く気付ける
　やるべきことが明確になる
　スタッフに目的意識を共有させることができる

**2 お店の数字はじつは簡単** ……17
　数字をビジュアルでイメージしよう
　比率計算のコツを押さえよう

**3 数字の変化から、お店の課題を推理する** ……21
　レジデータは「お客様の声」としてとらえよう
　商品別売上からお客様のニーズをつかもう

## 第1章 もうけの仕組みを知り、もうかる体質になる ……25

### 1 利益の仕組みを理解しよう ……26
お店の成績表(店舗損益計算書)を読み解く

### 2 売上高・売上原価・粗利益の関係 ……30
粗利益とは、どんなもの?
売上原価は「商品の元値」だけじゃない

### 3 粗利益・販管費・営業利益の関係 ……33
営業利益とは、どんなもの?
販管費はお店の営業に必要な経費
本業の費用以外にもお金は出ていく
最終的にお店に残る利益

### 4 もうける店長の数字の使い方 ……37
収入は「絶対額」で考え、費用は「率」で考える
「目標達成」から逆算して考える
よい数字に着目する

### 5 もうかるお店になる4つのステップ ……43
STEP1 数字を上手に使って売上を増やす
STEP2 品揃えと価格設定で粗利益を増やす
STEP3 商品管理を徹底して粗利益を増やす
STEP4 経費をコントロールして営業利益を増やす

## 第2章 数字を上手に使って売上を増やす ……51

**1 売上高を因数分解して考えよう** ……52
  売上高を構成する要素とは？

**2 買上客数と客単価から売上アップを考える** ……54
  買上客数は「来店客数」と「買上率」で決まる
  客単価は「いくらの商品を何個買うか」で決まる

**3 市場規模とシェアから売上アップを考える** ……60
  自店の可能性を知っておく
  シェアを上げる（支持率を高める）のが近道

**4 「通行人」を「お客様」に変えて売上アップを考える** ……65
  お店（売場）の魅力を「数字」でとらえる
  入店客が「お客様」に変わるまで

**5 ツイている商品をつかむ** ……68
  ABC分析で売れ筋商品を見つける

**6 数字で考えて他店と差別化する** ……71
  差別化の心理原則「1：1.3：1.3$^2$」の法則
  陳列や品揃えで大きな違いをアピールする

**7 お客様の予算を知っておこう** ……74
  お客様の予算に合わせて品揃えをしよう
  価格帯を考えて「客単価」を増やそう

## 第3章 品揃えと価格設定で粗利益を増やす ……77

### 1 粗利益とは何かを理解しよう ……78
「値入高」と「粗利益」の違い
「値引き」と「粗利益」の関係
「商品ロス」と「粗利益」の関係

### 2 粗利益を増やす商品構成とは(粗利ミックス) ……83
商品の「売れる力」のはかり方
来店動機になる集客商品
「売上」と「粗利益」を両立させる主力商品
粗利益率を高める収益商品

### 3 粗利益を予測して品揃えをする ……90
粗利益を予測する計算方法
粗利益目標を確保するために必要な売上は?

### 4 値引きと粗利益の関係 ……95
値引きしても損しないために
見切り販売はもったいない?
値引きを予定して販売価格を決めておく

## 第4章 商品管理を徹底して粗利益を増やす ……101

**1** 計算上の在庫と実際の在庫とは …… 102
　棚卸が重要な理由

**2**「商品ロス」とは何か？ …… 107
　商品ロスが発生する原因
　過剰在庫が商品ロスを生む

**3**「本当に必要な在庫」で効率的にもうけよう …… 112
　在庫が効率的に売上に結びついているか
　平均在庫高をつかむ方法

**4** 粗利益につながる効率のよい在庫とは？ …… 117
　少ない在庫でたくさんもうかる商品が理想
　交差比率で効率を求める

**5** ロスのない商品の発注方法とは …… 120
　いくらまで仕入れても大丈夫か（仕入枠を決める）
　定量発注方式と定期発注方式

## 第5章 経費をコントロールして営業利益を増やす ……125

### 1 お店の維持にかかるお金 …… 126
変動費と固定費に分けて考える
コントロールできる経費に着目する

### 2 経費に見合う売上はいくら？ …… 131
損をしないギリギリのラインは
「目標利益達成点売上」を意識してみよう
使ってもよい費用の上限（許容費用）を考える

### 3 人件費をコントロールして利益を増やす …… 137
収益性を考えるための「原価」+「人件費」
スタッフが効率的に動いているかがわかる数字
使える人件費を押さえておく

### 4 給料以外にもかかる「人に関するお金」 …… 143
人件費は給料だけじゃない
「スタッフの定着」と利益の関係

### 5 つい忘れがちな費用 …… 146
減価償却費を知っておこう

## 第6章 売上目標・売上計画を考えよう …… 149

**1 過去実績から1年間の売上目標を決める** …… 152
　過去実績からお店の実力をはかる
　移動平均法でお店の実力をはかる

**2 必要利益から1年間の売上目標を逆算する** …… 158
　必要な売上目標の求め方

**3 月別目標・月別計画をつくる** …… 163
　季節指数を計算する
　月別構成比を計算する
　年間売上目標を月別目標に落とし込む

**4 日別目標・日別計画をつくる** …… 168
　日別目標の4つの決め方
　日別目標に沿って進捗(進み具合)を確認する

**5 販売計画書をつくる** …… 172
　もうかるお店は「誰に」「何を」「いくらで」「どうやって」
　商品計画と販促計画から考えてみる

**6 目標はわかりやすく伝える** …… 176
　わかりやすさと持続力を兼ね備えた「目標」のポイント
　●年間計画(月別計画)
　●月間計画(日別計画)

■「お店の数字」に関わるQ&A …… 182
　Q1：たくさんの「お店の数字」があるけれど、
　　　どの数字から見ていけばいい？
　Q2：「客数」を増やすために価格を下げたら、
　　　「客単価」が下がってしまった。どちらの数字が大切？
　Q3：販促イベントの損益分岐点を計算すると
　　　利益が確保できない。
　　　そんなイベントは止めるべき？
　Q4：さまざまな数字や比率があるけれど、
　　　どのくらいが妥当？
　Q5：在庫が多くて、新しい商品を仕入れられないときは
　　　どうしたらいい？
　Q6：新人スタッフにも「数字」を
　　　意識してもらうためには？
　Q7：アルバイトスタッフに最低限、
　　　徹底させておくことは？
　Q8：売上目標の達成が難しそうなときは、
　　　目標を修正すべき？

**おわりに**
■索引 …… 188

■カバーデザイン：川島進（スタジオギブ）
■カバーイラスト：赤江橋洋子
■本文デザイン：関根康弘（T-Borne）
■本文イラスト：高村あゆみ

# 序章

# 数字を押さえて、もうかるお店をつくろう

本章では、
数字に苦手意識がある人にも
前向きな気持ちで読み進めていただくために、
まずはお店の数字を押さえるメリットと、
お店の数字は小学校で学んだ
算数の知識だけで計算できることを
紹介します。

# Prologue 1 お店の数字を押さえる3つのメリット

　最初に、もうけるお店に変わるために押さえたい数字の特徴に触れながら、お店の数字を押さえる3つのメリットを紹介しましょう。

> 【お店の数字を押さえる3つのメリット】
> 1 小さな変化に早く気付ける
> 2 やるべきことが明確になる
> 3 スタッフに目的意識を共有させることができる

「数字でそんなことまでできるの？」と思われた人もいるかもしれません。では、順に詳しく紹介していきましょう。

## 1 小さな変化に早く気付ける

　売上や利益などの具体的な数字を知らないスタッフでも、売上が急に半分に減ったら、よほど鈍感な人でない限りは「お客様が少ないなぁ」「暇だなぁ」と感じ、売上が減っていることに気付くはずです。
　しかし、人間の感覚は緩やかな変化や小さな変化には、気付きにくいものです。例えばほんのわずかな減少……前月の売上100万円のお店の売上が1％減って、99万円になった程度であれば、数字を知らされていないスタッフのほとんどは気付かな

いでしょう。さらに99万円が翌月98万円まで減っても、98万円が翌々月97万円になっても、売上が落ちていることに気付かないかもしれません。そして気付いたときには、お店の売上はかなり悪化していることでしょう。

しかし、これを「売上高」という数字で表せば、一目瞭然です。100と99の違い（わずか1％の違い）でも、誰もが認識できます。

お店の経営においてはこのわずか「1」の変化が、利益を確保できるかどうかに大きな影響を与えます。詳しくは第5章で説明しますが、中小小売業の平均の営業利益率（売上に対して、どのくらいの営業利益を残したかを示す数字のこと）は、わずか「約1.6％」というデータが出ています（中小企業庁：平成23年中小企業実態基本調査）。

つまり、「100万円の売上があっても1万6,000円しか営業利益が残っていない」というのが、平均的な中小小売業の実態なのです。極端ないい方をすれば、この「1％」に気付くかどうかが、お店が存続できるかどうかの分かれ目にもなるのです。
「はじめに」で売れる商品の移り変わりのスピードが年々速まっているとお話ししましたが、お店の経営においては、売れ筋商品の変化（今までよく売れていた商品や売れ筋の価格帯の変化）へ素早く対応することが大切です。

特に近年は経済環境が冷え込んでいますから、以前よりスピードが重要です。

本書で「お店の数字」を押さえ、小さな変化に気付けるようになりましょう。

## 2 やるべきことが明確になる

　売上や利益の変化を認識したら、次のステップとして、変化に素早く対応するために「やるべきこと」を考え、実行していきます。

　それがよい方向への変化であれば、さらによい方向に加速度をつけるように対応して、逆に悪い方向の変化であれば歯止めをかけて好転させるように、素早く対応することが大切です。

　現在の状況を正しくつかんで、「売上や利益の変化の原因がどこにあるか」を押さえ、その原因に適した動きをしたほうが、効果も出やすくなります。

　ここでも数字は重要な役割を果たします。数字は現実をシビアに表すので、数字の動きを見ていれば、何が問題なのかがおおよそ想像できるのです。

　例えば、お店の売上が減っているとします。売上減少の原因として考えられることは、買上客数（買ってくれるお客様の数）が減っているか、もしくは、客単価（1人のお客様が買ってくれた金額）が減っているかのいずれかです。

**買上客数**　　　　　　**客単価**

あれこれ悩み考えるより、「買上客数」と「客単価」という数字で表せば、どちらに問題があるのか、もしくは両方に問題があるのかが、たちまちわかります。

どちらに問題があるのかによって打つべき対策は違ってきます。問題がどこにあるかを数字でつかむことが、何をすべきかを考えるうえで大切です。
「買上客数」と「客単価」の数字を押さえず、売上や利益の変化の原因を「何となく」といった感覚だけで判断しようとすると、印象に残った特定の出来事に大きく影響を受けて、誤った判断をしてしまうことがあります。

例えば、本当は客単価が低下しているのに、たまたま高額な買い物をしてくれたお客様をつづけて接客したことが印象に残っていると、「高額商品が売れている」とか、「客単価が上がっている」と錯覚をしてしまうこともあるようです。

感覚も大切ですが、「数字」で裏付けをしながら考えていくほうが、お店の問題解決に効果的な「やるべきこと」が見えてきます。

## ❸ スタッフに目的意識を共有させることができる

やるべきことが明確になったら、最後はスタッフ全員とやるべきこと（目標）を共有する必要があります。

お店の仕事はチームプレーですから、個々のスタッフの目標を一致させることが大切です。そこでも「数字」が大きな役割を果たします。

例えばリンゴを５個買ってきてほしいところ、数字を使わずに「リンゴを少し買ってきてください」とお願いしたとします。

ある人は3個しか買わず、またある人は10個買ってきてしまうかもしれません。これは「少し」という言葉からイメージする量が、人によって違うために起こります。でも、お互いに「5個」という数字を認識してから動いていれば、こんな二度手間や無駄は発生しなかったでしょう。

　実際のお店の仕事では、不足な発注は売り損ね（販売チャンスロス）に、余分な発注は過剰在庫（無駄な在庫）になります。ほんの少しの売り損ねや過剰在庫でも、それが積み重なると、結果としてお店の利益に大きく影響を及ぼします。

　また、「目的」が一緒でも「目標（ゴール）」が違えば、やるべきことは違ってくるものです。「速く走る」という目的は同じでも、ゴールを100m先に設定するのと、1㎞先に設定するのでは、走り方が違いますよね。

　お店でも同様です。「たくさん売る！」「たくさんもうける！」という目的は一緒でも、「何を何個売るのか？」「いくら売るのか？」という目標によって、例えば、経済的発注量（最も効率的な発注量）も違えば、陳列の量や見せ方、使う販促経費なども違ってきます。

```
目的　→　たくさん売る　　たくさんもうける
目標　→　〇〇円売る　　　営業利益△△円
```

　もうかるお店に変わるために、目標（ゴール）の共通認識をもつことは欠かせません。そしてスタッフ全員に共通認識をもってもらうために最も正確な方法が、はっきりした「数字」で示すことなのです。

# Prologue 2 お店の数字はじつは簡単

「数字が大切なのはわかったけど、でもどうしても数字は苦手」という人も多いと思います。数字が苦手な人のほとんどは、「数字＝難しい」という思い込みから、数字アレルギーに陥っているのかもしれません。

しかしお店で使う数字は、小学校の低学年で学んだ、足し算（＋）、引き算（－）、掛け算（×）、割り算（÷）がわかっていれば十分なのです。

## 数字をビジュアルでイメージしよう

数式で考えようとすると混乱してしまう人は、ぜひビジュアル（図表）を頭のなかにイメージしてください。ここで「粗利益」に関する計算を例に挙げてお話します。正確にいえば、「粗利益」とは、売上高から売上原価を引いて残る商売の基本となる利益で、以下の計算式で示します（詳しくは31ページ）。

> **これは重要!** 計算式
>
> 粗利益 ＝ 売上高 － 売上原価

「売上原価」とは売上をつくるためにかかったお金です。ここでは話をわかりやすくするために「売上原価」を商品の「仕入」

と考えて解説を進めます。

　実際のシーンでは、「仕入価格が下がったら、粗利益はどうなるか」「仕入価格が上がったら、粗利益はどうなるか」、反対に「必要な粗利益を得るためにいくらの売上高が必要か」などといった計算をすることがあります。この計算をするためには、「売上高」「仕入」「粗利益」の３つの関係を計算式にした以下の①〜③を知っておく必要があります。

　売上高　－　仕入　　＝　粗利益　①
　売上高　－　粗利益　＝　仕入　　②
　仕入　　＋　粗利益　＝　売上高　③

　このような計算式が並んだだけで頭が痛くなってしまう人は、まず下図で３つの数字の関係をつかんでください。

### 売上高・仕入・粗利益の関係

下のような図（ビジュアル）をイメージできれば、上記①〜③までの３つの計算式が、いずれも同じことを意味しているとわかる。

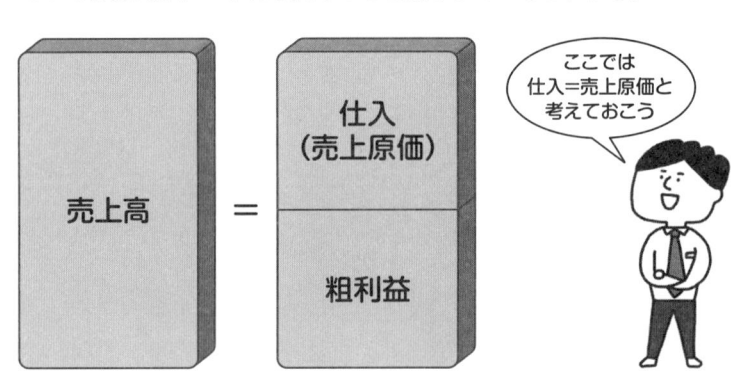

売上高 ＝ 仕入（売上原価） / 粗利益

ここでは仕入＝売上原価と考えておこう

本書では、できるだけ図を使って「利益の仕組み」を説明していきますので、まずはビジュアルでイメージしたうえで、計算式を覚えるようにしましょう。

### 🢅 比率計算のコツを押さえよう

また、お店の数字では、「効率的にもうけているか」「費用が効率的に使われているか」を確認するときに"比率"を使います。よく使われる比率として「原価率」「粗利益率」「営業利益率」があります。

「○○率は、何を何で割ると計算できるのか覚えられない」という人のために、比率計算の2つのポイントを紹介します。

まずひとつ目のポイントとして、通常、お店の数字で「○○率」といった場合は、ほとんどが「売上高に対する○○の比率のこと」を表すと覚えてください。

例えば「原価率」といえば「売上高に対しての原価の比率」で、「粗利益率」といえば「売上高に対しての粗利益の比率」です。

そして2つ目のポイントです。「△△対○○率」を計算するために電卓を叩くときは、「"対"の後ろにある○○の値」を「"対"の前にある△△の値」で割って、「100」を掛け、「％」を付ければ答えが出ます。これを式で書くと以下のようになります。

> **これは重要!** 計算式
>
> △△対○○率 ＝ ○○の値 ÷ △△の値 × 100（％）

では、この2つのルールを使って簡単な問題をやってみましょう。売上高800円、原価560円のとき、原価率は○%でしょうか？

　原価率とは、「売上高に対する原価の比率のこと」ですから"対"の後ろにある「原価」の数字を、"対"の前にある「売上高」の数字で割って100を掛けると答えが出ます。

　この場合は、560円（原価）÷800円（売上高）×100で答えは70%となります。

　もちろん例外もありますが、まずこの比率（○○率）の計算のコツを押さえておけば、お店の数字に関わる大体の計算ができます。数字は苦手、計算は難しいといった思い込みを捨てて、まず自分で計算するクセをつけましょう。

## 比率計算の2つのポイント

数字が苦手な人が特に混乱しがちな比率計算も、この2つのポイントを押さえておけば簡単だ。

### ポイント❶
### 「○○率」とは「売上高対○○率」のこと
　例）原価率 → 「売上高対原価率」のこと
　　　粗利益率 → 「売上高対粗利益率」のこと

### ポイント❷
### 「△△対○○率（%）」とあれば、○○÷△△×100と電卓に入力する
　例）売上高対原価率 → 原価 ÷ 売上高 × 100
　　　売上高対粗利益率 → 粗利益 ÷ 売上高 × 100

# Prologue 3

# 数字の変化から、お店の課題を推理する

「売上」や「利益」の数字は結果です。結果には必ず原因があるものです。数字が変化したら、何らかの変化が起きていると考えましょう。

## ■レジデータは「お客様の声」としてとらえよう

店長にとって一番身近な数字である毎日のレジデータから話を進めていきましょう。今はレジの機能も増えて、いろいろなデータが取れるようになりましたが、まずは以下の3つの数字に着目します。

### ① 売上合計額
今日1日にお店全体で、どのくらいの売上があったか（いくら売れたか）を表す数字。

### ② 買上点数（買上個数、または販売個数）
今日1日にお店全体で売れた商品の数。

### ③ 買上客数
今日1日に買い物をしたお客様の人数。

これらの数字が、以前と比べて増えたのか減ったのかを毎日確認するだけでも、ざっくりとお客様のニーズが読み取れます。増えていれば、自店の戦略がお客様のニーズに合っている、減っていればニーズに合っていないと考えられます。
　もちろん、直接お客様からの声を聞くことも大切ですが、実際に聞ける声はごくわずかです。
　このお店には、自分が期待している商品、価格、サービスはないと感じたお客様は、ほとんどの場合、文句ひとついうことなく去っていきます。反対にお客様の期待に適っていれば、また足を運んでくれます。これが「客数」という数字となって表れているのです。

## ❷商品別売上からお客様のニーズをつかもう

　売上合計額、買上点数、買上客数の変化から、自店の商品がお客様のニーズに合っているかどうかをざっくりとつかんだら、次は「来店の理由（お客様が自店に期待していること）」もしくは「お客様が離れていった理由」が何かを具体化していくことが必要です。それを見つけるヒントとなる数字が「商品別売上」です。

　商品別売上は、売れ筋商品を見つけたり、その売上の変化を観察したりするために重要な数字です。
　商品別売上を考えるときには、商品をどうグループ分けするかが重要になります。また本書の内容を理解していただくためにも、ここで「部門」「単品」「アイテム」の考え方を整理しておきましょう。

お店の規模や取り扱い品目によって若干違いはありますが、アパレルを例に挙げると、「カジュアルファッション」「フォーマルファッション」などの大きなくくりに分けられ、これを「部門」といいます（部門の分け方は業種や会社によっていろいろな考え方があります）。

「単品」とは、お客様の買い物をもっと細かく商品ごとに分類したものです。カジュアルファッションでは「Tシャツ」「パンツ」などが「単品」です。

そしてその単品のなかで、「メーカー」「色」「サイズ」などで分けたのが「アイテム」です。

第２章で詳しく説明しますが、売上を伸ばしつづけているお店は、この「単品」ごとに売れ筋商品や、売れ筋の価格帯をつかみ、それを品揃えに反映させています。

　順調に売上を確保しているカジュアルファッション店では、Ｔシャツという単品のなかで、どのような価格帯がよく売れているのか、さらにはどのメーカーのどんなデザインのアイテムが売れているのかまで予測して、「数字」で検証をしながら営業戦略を立てています。

　ここまでで、もうかるお店になるためには数字を押さえる必要があること、また「お店の数字」は数字が苦手な人が想像しているほど難しいものではないことが、おわかりいただけたでしょう。

　ではいよいよ本編で、「お店の数字」の読み解き方を紹介していきます。

---

**覚えておきたい！**

### 📑 見やすい数字のルール

　数字を書くとき、千円単位のものには３桁ごとにカンマをつけましょう。カンマをつけることにより、桁をまちがえて計算するのを防げます。
例）1000円→1,000円
　また、お店全体の集計をするときに何十万円〜何千万円などと大きな数字になるときは、1,000円未満は四捨五入し、「○○（千円）」と表記することがあります。
例）100円、1,000円（1千円）、10,000円（10千円）、100,000円（100千円）、1,000,000円（1,000千円）

# 第1章

# もうけの仕組みを知り、もうかる体質になる

この章では、
利益（もうけ）の仕組みと、
利益体質（もうかる体質）をつくるための、
数字の見方と基本的な考え方を紹介します。
まずは「お店の利益」をざっくりと
イメージできるように
なりましょう。

# Chapter 1 利益の仕組みを理解しよう

まずは「売上」「費用」そして「利益」の関係を整理して、理解することからはじめましょう。

## ▶ お店の成績表（店舗損益計算書）を読み解く

もうけの仕組みを理解するためにどうしても必要になるのが、損益計算書の読み方です。これが読めるようになれば「利益の仕組み」はほぼ完璧に理解できます。

損益計算書は英語で「profit and Loss Statement」といい、略して「P/L（ピーエル）」と呼ばれます。損益計算書には、会社全体で計算したものと、お店ごとに計算したもの（一般的に「店舗損益計算書」と呼ぶ）があります。

正式な会社全体の損益計算書は、右表のように、売上から、商品仕入や店舗経費といった本業の商売でかかる費用だけではなく、本業以外で発生する費用（支払い利息など）や税金の支払いまでを計算して、会社として最終的にいくらもうけたか（当期純利益）を計算します。

しかし、会社全体の損益計算書には、日常の店舗運営に直接関係しない用語や数字もたくさん出てきますので、本書では「店舗損益計算書」を中心に解説していきます。

第1章 ■もうけの仕組みを知り、もうかる体質になる

## 損益計算書はこうなっている!

お店の成績表ともいえる店舗損益計算書は、以下のうちⒶ～Ⓔの5つのパートが重要になる（次ページ参照）。

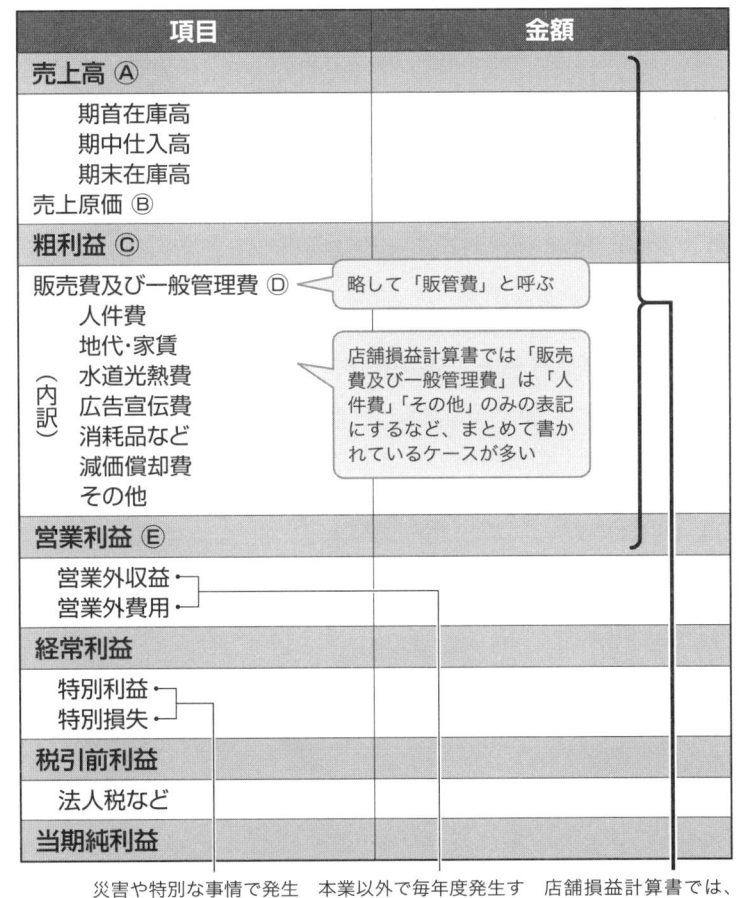

| 項目 | 金額 |
|---|---|
| 売上高 Ⓐ | |
| 　期首在庫高 | |
| 　期中仕入高 | |
| 　期末在庫高 | |
| 売上原価 Ⓑ | |
| 粗利益 Ⓒ | |
| 販売費及び一般管理費 Ⓓ | |
| 　人件費 | |
| 　地代・家賃 | |
| （内訳）水道光熱費 | |
| 　広告宣伝費 | |
| 　消耗品など | |
| 　減価償却費 | |
| 　その他 | |
| 営業利益 Ⓔ | |
| 　営業外収益 | |
| 　営業外費用 | |
| 経常利益 | |
| 　特別利益 | |
| 　特別損失 | |
| 税引前利益 | |
| 　法人税など | |
| 当期純利益 | |

販売費及び一般管理費 Ⓓ → 略して「販管費」と呼ぶ

店舗損益計算書では「販売費及び一般管理費」は「人件費」「その他」のみの表記にするなど、まとめて書かれているケースが多い

災害や特別な事情で発生する費用・収益。まとめて「特別損益」という。

本業以外で毎年度発生する費用・収益。まとめて「営業外損益」という。

店舗損益計算書では、「営業利益」までしか表記しない場合が多い。

「店舗損益計算書」とは、簡単にいえば、ある期間に「いくら売上を上げ、いくら費用を使って、いくらの利益を残すことができたのか」ということがわかる、お店の成績表です。

税務署などに提出する正式な損益計算書は、年に1回（決算のとき）作成するだけで十分ですが、お店の運営に関わる人なら少なくても月に1回くらいは、自店のおおよその損益計算書をつくり、数字を押さえ、変化を客観的にとらえていくようにしましょう。

店長がお店レベルでコントロールできるのは、「営業利益」までですので、一般的な「店舗損益計算書」では、「営業利益」までしか表示していません。しかし、営業外費用である「支払利息」「税金」「借入金の返済」まで含めて、お店の経営が成り立っていることは押さえておきたいところです。

店舗損益計算書は店舗によって多少の違いはありますが、おおよそ前ページの表のⒺ営業利益までの部分の書式になっており、大別すると5つのパートに分かれています。

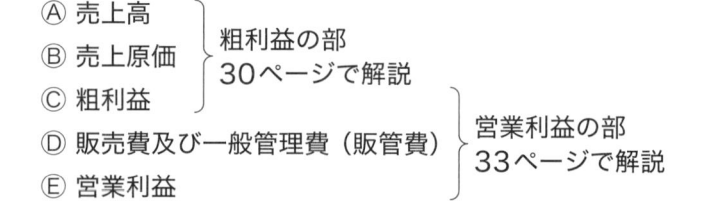

Ⓐ 売上高
Ⓑ 売上原価　　　粗利益の部
Ⓒ 粗利益　　　　30ページで解説
Ⓓ 販売費及び一般管理費（販管費）　　営業利益の部
Ⓔ 営業利益　　　33ページで解説

そしてこのⒶ〜Ⓔまでの5つのパートは、次ページ図の関係になっています。それではこの後、「Ⓐ売上高〜Ⓒの粗利益」と、「Ⓒ粗利益〜Ⓔ営業利益」の2つに分けて説明します。

## 利益の仕組みはこうなっている！

お店の成績表（店舗損益計算書）は、5つのパートに分けられ、さらにそれぞれは以下の関係になっている。

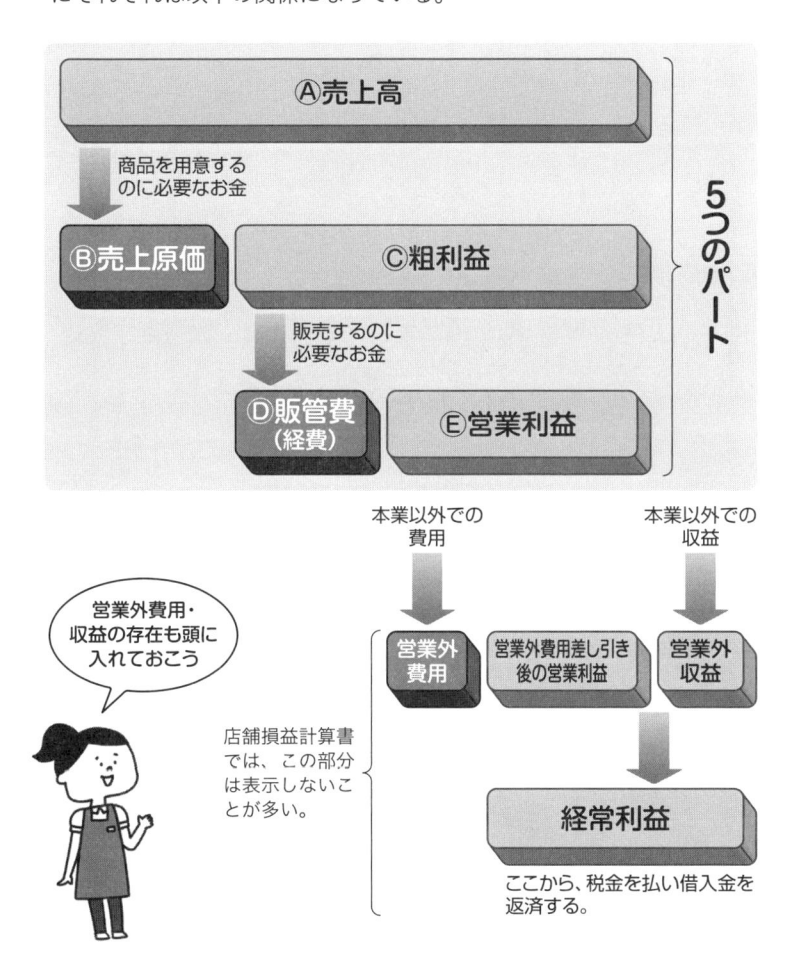

```
            Ⓐ売上高
              │
    商品を用意する
    のに必要なお金
              ▼
    ┌─────────┬──────────────────┐
    │ Ⓑ売上原価 │      Ⓒ粗利益       │
    └─────────┴──────────────────┘
                      │
              販売するのに
              必要なお金
                      ▼
              ┌─────────┬──────────────┐
              │ Ⓓ販管費  │  Ⓔ営業利益    │
              │ （経費） │               │
              └─────────┴──────────────┘
```

5つのパート

本業以外での費用 ↓　　　本業以外での収益 ↓

| 営業外費用 | 営業外費用差し引き後の営業利益 | 営業外収益 |

店舗損益計算書では、この部分は表示しないことが多い。

営業外費用・収益の存在も頭に入れておこう

### 経常利益

ここから、税金を払い借入金を返済する。

# Chapter 1 - 2 売上高・売上原価・粗利益の関係

28ページで紹介した損益計算書を構成する要素のうち、粗利益の部である、Ⓐ売上高、Ⓑ売上原価、Ⓒ粗利益の3つについて詳しく見ていきましょう。

## 🔲 粗利益とは、どんなもの？

粗利益とは、売上高から売上原価を引いて残る利益のことです。

よく「粗利」と略して「あらり」や「そり」と読んだり、「荒利益」や「荒利」と表記している場合がありますが、意味は同じです。

---

### 売上高・売上原価・粗利益の関係

売上高から売上原価を引いた残りが粗利益。ただし、売上原価の定義（次ページ参照）に注意しよう。

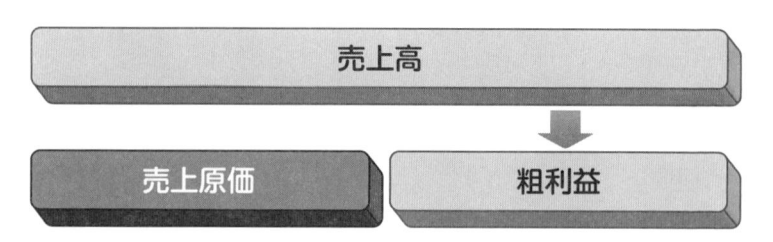

```
         売上高
           ↓
  売上原価    粗利益
```

粗利益は以下の計算式で求められます。

> **これは重要!** 計算式
> 粗利益 ＝ 売上高 － 売上原価

売上高に対して、どのくらい効率的に粗利益を残しているかを示す指標として、「粗利益率」という数字を使います。序章の19ページで紹介した通り、売上高対粗利益率ですから、"対"の後ろにある「粗利益」を"対"の前にある「売上高」で割ります。計算式は以下のようになります。

> **これは重要!** 計算式
> 粗利益率 ＝ 粗利益 ÷ 売上高 × 100（％）

## ❷売上原価は「商品の元値」だけじゃない

売上原価とは、売上をつくるために使った商品の元値のことです。ざっくりいえば、「仕入値」のようなものですが、正確に粗利益の計算をするうえでは、ちょっと違う考え方をします。

少しややこしくなりますが、商品を仕入れるために支払った金額ではなく、実際の売上に対して使った商品分の金額が「原価」という考え方です。では簡単な例を挙げて説明します。

ある文房具店で消しゴムを1個70円で10個仕入れました。
➡仕入の額は、70円×10個で700円

その消しゴムを100円で8個販売しました。
➡売上高は、100円×8個で800円

　仕入の額は70円×10個で700円ですが、800円の売上高をつくるために、実際に使ったのは商品8個だけ。ですから残り2個は使われずに在庫として残っているはずです。
➡売上原価は70円×8個（使った分）で560円

### 正確な粗利益を計算するための、売上原価の定義

実際の売上高に対して使った商品分の金額が「売上原価」と考えて計算すると、より正確な粗利益を算出できる。

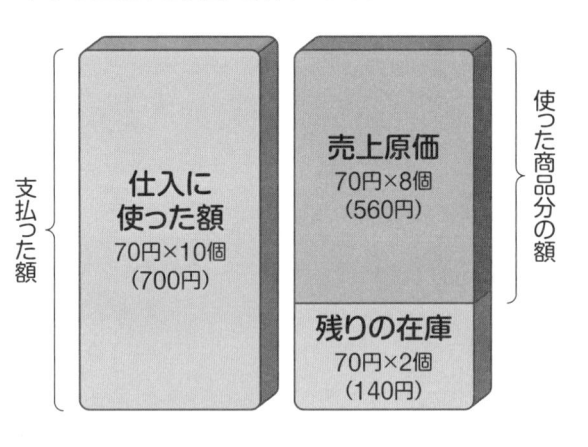

支払った額
- 仕入に使った額 70円×10個（700円）

使った商品分の額
- 売上原価 70円×8個（560円）
- 残りの在庫 70円×2個（140円）

　本項では、「売上原価とは仕入のようなもの。だけど少し違う！」というレベルで押さえていれば十分です。詳しくは第3章、第4章で説明します。

# Chapter 1 - 3 粗利益・販管費・営業利益の関係

　つづいて店舗損益計算書の5つのパートのうち、営業利益の部であるⒸ粗利益、Ⓓ販管費、Ⓔ営業利益の関係について解説します。「売上高−売上原価」で計算した粗利益から、さらに販管費を引き、残った金額が営業利益です。

## 営業利益とは、どんなもの？

　粗利益から、販管費（お店を運営するために必要な費用）を差し引いて残る利益を「営業利益」と呼びます。

---
**粗利益・販管費・営業利益の関係**
---

粗利益からさらに販管費を引いた残りが営業利益。お店のもうけを表す数字だ。

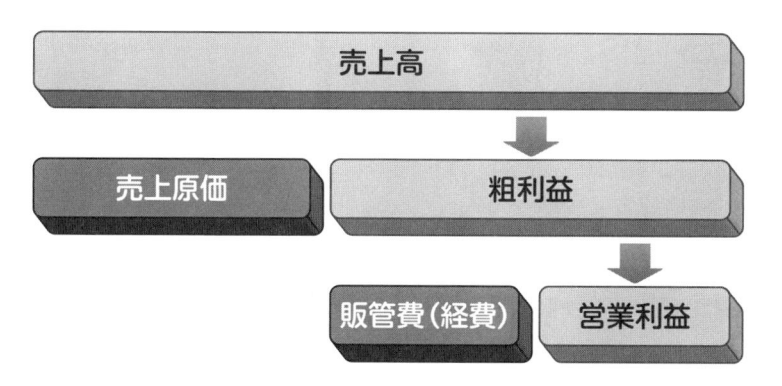

売上高
↓
売上原価　粗利益
　　　　　↓
　　　　販管費（経費）　営業利益

「営業利益」は本業の商売（次ページ参照）から生み出される利益ですから、お店の責任者やスタッフが一番大切にしなければならない数字です。

またこの営業利益がないと、借入金の返済や新たな投資などができません。

> **これは重要!** 計算式
> 営業利益 ＝ (売上高 － 売上原価) － 販管費
> ↓
> 営業利益 ＝ 粗利益 － 販管費

効率的にもうけているかどうかを知るためには、「営業利益率」という数字を使います。この数字は大きければ大きいほどよいということになります。営業利益率は、「売上高に対する営業利益の比率」ですから、19ページで紹介した比率計算のポイントを使って計算できます。計算式は下記になります。

> **これは重要!** 計算式
> 営業利益率 ＝ 営業利益 ÷ 売上高 × 100 (％)

## 販管費はお店の営業に必要な経費

「販管費」は、正式には「販売費及び一般管理費」といいますが、一般的に略して「販管費」や「経費」と呼ばれます。簡単にいうと、お店の営業に必要なお金です。代表的なものとして、

家賃、スタッフの給料などの人件費、水道光熱費、広告宣伝などの販促費があります。

　複数の店舗を運営しているお店では、本部スタッフの人件費や維持費を本部経費として、各店舗の販管費に組み入れていることが多いようです。

　正式な会計処理ルールでは違いますが、便宜上、借入金の返済や支払利息を販管費として記載している場合もありますので、自店の損益計算書を確認してみましょう。

## ❷本業の費用以外にもお金は出ていく

　営業利益は「本業の商売から生み出される利益」とお話ししました。「本業以外ってどういうこと？」と感じた人のために、簡単に説明しておきましょう。

　お店でもうけたお金を銀行に預ければ、「利息」が入ってきます。このように、小売業の場合、モノの売り買い以外で稼いだものを「営業外収益」といいます。また銀行からお金を借りると、「利息」を払わなければいけませんよね。この支払った利息を、「営業外費用」といいます。

　また、商品を販売することを目的とした会社で、空きスペースを駐車場として貸して得たお金なども、本業の商売以外で稼いだということで「営業外収益」といいます。

　このように、本業である商売での利益＝「営業利益」に「営業外収益」と「営業外費用」とを足し引きして残った利益が、「経常利益」となります。

## 2 最終的にお店に残る利益

　経常利益から、災害などの特別な事情による損失や、資産の売却などによる特別な事情による利益を、足したり引いたりして残る利益が「税引前利益」です。

　また税引前利益から、法人税などの税金を支払って最終的に残る利益が「当期純利益」です。事業計画を立てるときは、「税率＝40％」と見込んで計算するのが一般的です。

　先ほど、銀行からの借入金の支払利息については、営業外費用に該当しますと説明しましたが、借入金の返済は、この当期純利益から行ないます。

　このように考えていくと、「お店は日々の販売活動で感じているほど簡単にはもうからないな」ということがわかるのではないでしょうか。

**覚えておきたい！**

### 利息を経費としてカウントするお店も

　「利息」の支払いは、「本業以外」ということで正式な会計処理では、「営業利益」の計算から除きます。

　しかし、この利息は「商品仕入や店舗設備のために借りたお金の利息なのだから、本業以外とするのはどうだろうか？」「利息分を含めて考えた商売をしよう」と考える経営者も多いようです。そのため、店舗損益計算書をつくる際、「支払利息」を経費に入れて営業利益を計算しているお店も多くあります。

# Chapter 1-4 もうける店長の数字の使い方

　もうける店長の数字の使い方には、大きく分けて以下の3つのポイントがあります。

> 【もうける店長の数字の使い方　3つのポイント】
> 1 収入は「絶対額」で考え、費用は「率」で考える
> 2 「目標達成」から逆算して考える
> 3 よい数字に着目する

　本項ではもうける店長になるために押さえておきたい数字と、その使い方について簡単に紹介します。

## 1 収入は「絶対額」で考え、費用は「率」で考える

　前項まで「もうけに関わるお店の数字」を紹介してきました。ここでは、それぞれの数字の良否（よい方向なのか悪い方向なのか）の見極め方をお話しします。

　売上・利益については、「金額」の増減を良否判断の軸にします。

　詳しくは第5章の「損益分岐点」のところで説明しますが、お店には、最低限確保しなければならない売上があります。いくら効率がよくても、一定以上の売上がなければ、お店は存続できません。

また、利益は店舗改装や新規出店など、将来に投資するために必要なものです。そのときには利益効率がよいか悪いか（つまり利益率が高いか低いか）はあまり関係なく、実際にいくらもうかったのかという「金額」の大小が重要な問題になります。
　ですから、「売上」と「利益」を見るときは、額が増えているかどうかを良否の判断軸にしていきます。

## 収入は"額"、費用は"率"で考える

もうけに関わるお店の数字を押さえたら、次はその数字の良否を見極められるようになろう。

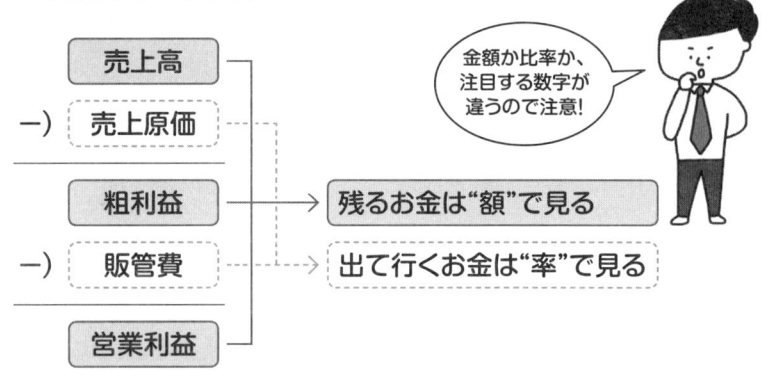

```
売上高
−） 売上原価
─────
粗利益        → 残るお金は"額"で見る
−） 販管費    → 出て行くお金は"率"で見る
─────
営業利益
```

金額か比率か、注目する数字が違うので注意！

　一方、売上原価や販管費（経費）については、"比率"つまり、「原価率」や「経費率」の増減に注目します。
　売上原価や経費を使っても、それに見合う売上があれば何も問題はありません。問題なのは、売上原価や経費を無駄に使ってしまうことです。
　しかし、一般にお店では、「経費削減目標」を掲げるとき、「率」

ではなく「額」で目標設定をすることが多いようです。これは、「額」で目標を示したほうが「経費率」で目標を設定するより、わかりやすく具体的な指示ができるからです。

例えば、「売上高人件費比率を1％向上しましょう！」という目標設定では、売上増減によって使える人件費が変わりますので、具体策が示しにくくなります。しかし「人件費を1万円減らすためにアルバイトスタッフを1人減らしましょう！」という目標なら、指示も具体的にできますね。

そのような理由から額の削減目標を掲げることが多いのですが、気を付けないと経費削減目標だけが一人歩きをはじめて、どんどん縮小均衡の方向に進んでしまう危険性があります。削減目標だけを忠実に実行した結果、スタッフの減少により、店舗クリンリネスが行き届かなくなったり、お客様に不便をかけたりしてしまい、さらに売上が下がり、もっと人件費を削減する必要が出てくる……といった悪循環に陥るお店を目にすることもよくあります。

## 2「目標達成」から逆算して考える

もうけられない店長は、「今すぐできそうなこと」から考えがちです。しかしもうける店長になるためには、「目標を達成するために何が必要か」から考えることが重要です。

売上目標が100万円の化粧品販売店を例に挙げて説明しましょう。

今できそうなことを基準にすると、「去年はメイク化粧品が

30万円売れたから、今年は10％伸ばして33万円くらい売れるといいな〜」などと前年データを念頭におき、それに希望的観測を乗せてしまいがちです。

　一方、目標達成に重点を置くと、最終目標である「売上目標100万円」を達成するための具体的なプロセスや課題まで見えてきます。

　それは例えば以下のようなプロセスになります。

「今月の売上目標100万円を販売するために、メイク化粧品で40万円の売上高が必要」
⬇
「メイク化粧品で40万円の売上高をつくるためには、1品平均2,000円として、200個の販売が必要」
⬇
「200個売るための重点商品は？　プロモーションは？」

> もうける店長は「目標を達成するために必要なこと」から考えるんだ

　実現する可能性がないことを目標に掲げても意味はありませんから、過去のデータを参考資料として使うことも必要です。しかし過去のデータにとらわれすぎると、考え方がどうしてもかたくなってしまいます。売上目標の具体的なつくり方につい

ては第6章で紹介します。

また、実際に数字を管理するときも、目標に対して実績はどうなっているか？　という「目標対比」もしくは「目標差異」で管理していく思考が大切です。

売上目標を立てる際に「前年対比」を参考として考えることは必要ですが、実績として追いかけるべきは「前年対比」ではなく「目標対比」という姿勢が必要です。

費用は「計画」にもとづいて使っていくのですから、あくまでも「目標対比」にこだわっていかなければ、利益は確保できなくなります。

> 売上目標のつくり方には、大きく分けて2つの方法がある。詳しくは第6章で!

## 3 よい数字に着目する

お店の数字が読み解けるようになると、お店の現状や課題など、いろいろなことが見えてきます。さて、問題はその「数字」をどうやって活かしていくかです。

「商品別売上」を例に挙げて説明しましょう。商品別売上の数字を把握すると、当然、お店のなかでよく売れている商品と、あまり売れていない商品がわかります。

余力があり、どんな商品もフォローできれば問題ありませんが、スタッフの人数、時間、お金などには限りがあります。

そのとき、売れている商品に経営資源を集中させて、もっと

伸ばそうとするのがよいか、それとも今はあまり売れていない商品が、これから少しでも売れるように経営資源を集中させるのがよいのか？　これを考えなければなりません。

　状況に応じて違うため、簡単にどちらが正解とはいえませんが、基本は「売れている商品に経営資源を集中させる」というお店のほうが、業績を伸ばしています。これを「長所伸展」といいます。
　そもそもお客様がほしい（買いたい）と思ったものが「売れる商品」、お客様がいらないと思ったものが「売れない商品」です。「長所伸展」の考え方で、お客様のニーズに応えられる商品を積極的に展開していったほうが、お客様にとって親切です。それに、効果（売上）にもつながりやすくなるはずです。
　ところが人は「悪いところ」が気になるクセがあり、その問題点を何とか解消しようとする傾向があります。この傾向は、真面目な人ほど強いようです。
　けれど、売れ行きが悪くなっている商品に経営資源を集中させても、なかなか成果につながりません。

　売り手に問題があり、本来は「売れるべき商品」が売れていない場合には、陳列や価格設定を少し工夫すると、不振商品が好転することもあります。ですから、何でもかんでも「売れないものをあきらめましょう」というわけではありませんが、基本的には「長所伸展」の考えで「よい数字」に着目しましょう。

# Chapter 1 - 5 もうかるお店になる4つのステップ

　ここまでで"もうけ"を読み解くために押さえておきたい数字と、その良否の見極め方について解説してきました。

　本章の最後では、もうかるお店に変わるための4つのステップを紹介しましょう。その4つとは、「売上を増やす」「品揃えと価格設定で粗利益を増やす」「商品管理を徹底して粗利益を増やす」「経費をコントロールして営業利益を増やす」です。

　それぞれのステップの中身については第2章以降で紹介しますが、ここでは数字をマスターして、もうかるお店になるための基本的な流れを頭に入れてください。

---

【もうかるお店になる4つのステップ】
STEP1 ● 数字を上手に使って売上を増やす ➡ 第2章
STEP2 ● 品揃えと価格設定で粗利益を増やす ➡ 第3章
STEP3 ● 商品管理を徹底して粗利益を増やす ➡ 第4章
STEP4 ● 経費をコントロールして営業利益を増やす
　　　　➡ 第5章

## ↗STEP1●数字を上手に使って売上を増やす

　まずは売上アップの方法を考えます。売上の変化は利益の増減にとても大きく影響します。営業利益を高めるためには、とにかく売上を増やすことが大切です。

　平均的な小売店（粗利益率30％のお店）で、売上高が10％減ったら営業利益が半分減り、反対に売上高が10％増えたら、営業利益が2倍になるケースもあります。

　そんな馬鹿なと思うかもしれませんが本当なのです。

　粗利益率30％の商売とは、ざっくりいえば700円で仕入れた商品を1,000円で売り、300円の粗利益を得る商売のことです。

　あるお店の1ヶ月の売上高が1,000万円とすると、粗利益は300万円になります。家賃・人件費・そのほかの経費で販管費が250万円必要だとすると、このお店には50万円の営業利益が残ることになります。

　1,000万円（売上高）×30％（粗利益率）＝300万円（粗利益）
　300万円（粗利益）－250万円（販管費）＝50万円（営業利益）

　さて問題はこのお店の売上高が10％減り、900万円になると営業利益はどうなるかです。

　粗利益率は変わらないとすると、粗利益は以下のようになります。

　900万円（売上高）×30％（粗利益率）＝270万円（粗利益）

ところが、このように売上高や粗利益が減っても、販管費のなかで大きなウェイトを占める家賃や人件費はほとんど変わりません。よほど大胆なコスト削減をしない限り、販管費の250万円はほとんど変わらないのです。

そうすると、営業利益は以下のようになります。

270万円（粗利益）－250万円（販管費）＝20万円（営業利益）

1,000万円の売上高があったときは50万円の営業利益が残ったのに、売上高が10％減って900万円になると、営業利益は20万円になってしまいます。

こうして計算してみると、売上高10％減で、利益が半分になる事態もあり得ることがわかっていただけたと思います。

利益を増やすための絶対条件は、売上を増やすこと（または減らさないこと）なのです。

> 数字で考えると売上の増減が利益にどれだけ影響するかわかるね

## STEP2 ● 品揃えと価格設定で粗利益を増やす

STEP2では、粗利益率をしっかり確保できるような商品戦略（品揃えと価格設定）を考えます。

売上を増やすために、「値引き」は有効な手段です。しかし、粗利益を減らさないように、しっかりと数字を管理しておく必

要があります。

　それでは先ほどと同じように、700円で仕入れた商品を1,000円で売り、300円の粗利益を得る商売で考えてみましょう。

　この商品を1,000円から10％（100円）値下げして900円で売ります。このとき、仕入先と交渉して仕入価格を100円下げてもらうことが可能なら問題はありません。しかし実際にはよほどのバイイングパワー（交渉力）がなければ、仕入価格を下げるのは難しいので、仕入価格は変わらず700円のままとして計算します。

　1,000円で売った場合は、以下のようになります。

1,000円（売上高）－700円（仕入価格）＝300円（粗利益）

　ですから、1個販売するごとに300円の粗利益がありました（粗利益率は30％）。では10％値引きして900円で売ったら、どうなるでしょうか？

900円（売上高）－700円（仕入価格）＝200円（粗利益）

　販売価格をわずか10％値引きして900円にしただけで、200円しか粗利益が残らなくなりました。10％の値下げで粗利益が3分の2になってしまったのです。
　参考までにお話しすると、粗利益率が40％の商品では10％の値引きをすると粗利益は25％減となります。
　粗利益率30％の商品では、10％値引きすると粗利益は33.3％減となります。
　粗利益率20％の商品にいたっては、10％値引きすると粗利益は50％減と半分にまでなってしまいます。

ただ単に値引きをしただけでは、粗利益を確保できなくなるのです。

そこで、集客のために粗利益を削っても価格を下げる商品と、しっかり粗利益を確保できる商品とを上手く組み合わせて、品揃えをする必要があります。これを「粗利ミックス」といいます。

> 粗利ミックスでは集客商品、主力商品、収益商品に分けて考えるよ

詳しくは第3章で説明しますが、価格設定と粗利益の関係をしっかり理解して、数字を使って考えていきましょう。

## STEP3 ● 商品管理を徹底して粗利益を増やす

せっかく商品戦略を考えても、実行段階でロスや無駄を出してしまってはなんにもなりません。STEP3では在庫管理を徹底して、ロスや無駄を出さないための「数字」を考えます。

これも粗利益700円で仕入れた商品を1,000円で売り、300円の粗利益を得る商売で考えてみましょう。

1,000円の商品を10個販売して、1万円の売上高をつくるとします。商品ロス（107ページ参照）がなければ700円の仕入10個分＝7,000円が原価となりますので、3,000円の粗利益を得ることができます。

ところが、保管状態が悪く商品が汚れてしまったために、1

個は売り物にならなくなってしまったとします。

そうなると販売した商品数は10個（原価7,000円）でも、在庫から消えた商品数は11個です。

つまり700円の商品を11個（原価7,700円）使ったことになりますので、粗利益は以下のようになります。

1万円（売上高）－7,700円（原価）＝2,300円（粗利益）

この商品1個の無駄のために粗利益が30％から23％に減ってしまうこともあるのです。

在庫をたくさんもてば、その分だけ商品ロスの発生リスクが高まります。かといってやみくもに在庫を減らせば、売り損ねる（機会ロス）危険性があります。

詳しくは、第4章で説明しますが、商品管理の手法を理解して、ロスを最小化するように考えていきましょう。

## STEP4 ● 経費をコントロールして営業利益を増やす

さて、最後のステップでは営業利益をアップさせる方法を考えます。営業利益を増やすためには、経費を上手くコントロールすることが必要です。

コストには大きく分けると以下の2種類があります。

① 統制可能コスト
② 統制不能コスト

②統制不能コストの代表例として、「家賃」があります。売上が厳しいから家賃を下げようとしても、一度決まった店舗の家賃はそう簡単には変えられません。家賃のほかの統制不能コ

ストには電気代などの光熱費があります。

　これらのコストは下げようがないのですから、このコストを正確に把握して、それに見合う売上をつくっていくしかありません。

　一方、店長の力量が問われるのが①統制可能コストのコントロールです。統制可能コストの代表例が「人件費」と「販促費」です。これは戦略や売上予測にもとづいてある程度コントロールしていくことが可能です。

　しかしそれは数字を正しく検証して、「無駄金（業績につながらないお金）」と「生き金（業績につながるお金）」を使い分けることであり、人件費や販促費をやたらに削減することではありません。

　もちろん無駄なコストは減らさなければなりませんが、コストを削減することだけに意識がいきすぎると、お店の魅力や活力が失われていく危険性があります。

　ジリ貧に衰退していくお店を見ていると、数字での検証や戦略立案をしないまま、ただただコストを「削る」「減らす」ことに専念して、ますますお店の活力や競争力を失うという悪循環に陥っています。

　詳しくは第5章で説明しますが、経費の効率を検証する数字を理解して、しっかりと営業利益を増やしていきましょう。

# 「もうかる店長」と「もうからない店長」の違い

　お店の利益を増やすために、無駄なコストを削減していくことは大切です。しかし現実問題として、「売上や集客を増やそう」「サービス品質を向上させよう」と考えれば、お金が必要になります。

　オーナー店長は別として、ほとんどの店長はスタッフを増員したり、新たな販促費を使うときには、本部や経営者の決済が必要でしょう。

　例えば、10万円の販促費を使って売上を増やそうと考えたとします。もうからない店長は、「どうせ何を提案しても本部や経営者から"経費削減だから"と却下される」と考えて、何もせず、縮小均衡で疲弊していくのです。

　しかし、もうかる店長はここで「売上を100万円増やして、販促費率を2％改善するために販促費10万円が必要です。具体的には、こんなことをします」と、数字を上手く使って提案し、本部や経営者を説得していきます。

　数字を使いこなせる店長は、コストを削減することばかりに追われず、より大きな利益を得るために攻めの行動に出られるのです。

# 第2章

# 数字を上手に使って売上を増やす

43ページで紹介した
もうかるお店になる4つのステップの
STEP1「売上を増やす」方法を、
数字を使って考えましょう。
売れている商品をつかむなど、
数字を使いこなして売上をアップさせる
ヒントを紹介します。

# Chapter 2
## 1 売上高を因数分解して考えよう

　売上を増やすためには、買ってくれるお客様を増やす（買上客数アップ）か、個々のお客様の買上金額を増やす（客単価アップ）か、いずれかが必要です（14ページ参照）。つまり買上客数か客単価を増やせば、売上は増えます。

　このように「買上客数」と「客単価」は、「売上高」を決める要因となるため、「因数」と呼ばれます。

　また、このような因数に分けること（分解して考えること）を因数分解といいます。計算式では「売上高＝買上客数×客単価」となります。

### 🔲売上高を構成する要素とは？

「売上を増やすためにどうするか」を漠然と考えるより、売上を因数分解して、「買上客数を増やすためにはどうすればよいか」「客単価を増やすためにはどうすればよいか」と考えることによって、より具体的に現状を把握することができ、戦略や作戦を考えやすくなります。

　どのような因数に分けるかによって売上アップの考え方や、戦略・作戦が変わることもあります。

　そこで本項では、先に触れた「売上高＝買上客数×客単価」という売上高の因数分解の基本的な考え方のほか、②「売上高＝マーケットサイズ（MS）×商圏人口×シェア」、③「売上高

=店前通行客数×入店率×導線長×視認率×買上率」という3つの考え方を説明していきます。

## 売上高を因数分解する3つの考え方

売上高を因数分解することで、どんな要素が売上アップに影響するかをつかんでおこう。

**❶**
売上高 = 買上客数 × 客単価

- 買上客数：商品を買うお客様の人数
- 客単価：お客様1人当たりの買上金額

**❷**
売上高 = マーケットサイズ（MS）× 商圏人口 × シェア

- マーケットサイズ（MS）：取り扱い商品の市場規模
- 商圏人口：商圏内の人口
- シェア：競合店との関係

**❸**
売上高 = 店前通行客数 × 入店率 × 導線長 × 視認率 × 買上率

- 店前通行客数：店の前を通るお客様の人数
- 入店率：店前通行客が入店する確率
- 導線長：お客様が店内を歩いた距離
- 視認率：お客様が立ち止まってくれる率
- 買上率：実際に買ってもらう率

# Chapter 2
## 買上客数と客単価から売上アップを考える

　売上高を因数分解する計算式のなかで最もポピュラーなものが、以下の考え方です。

> **これは重要！ 計算式**
> 売上高 ＝ 買上客数 × 客単価

　ざっくりいえば、「何人のお客様に、1人平均どれだけ買ってもらえるかで売上が決まる」という考え方です。
　この計算式で考えると、売上を増やすには「買ってくれるお客様をどうやって増やすか」、そして「1人のお客様にどうやってたくさん買ってもらうか」を考えればよいことになります。

### ■買上客数は「来店客数」と「買上率」で決まる

　それでは、この「買上客数」と「客単価」について掘り下げて考えてみます。
　まず、「買上客数」から見ていきましょう。「買上客数」をさらに因数分解すると「来店客数」と「買上率」に分解することができます。

> **これは重要!** 計　算　式
>
> 買上客数 ＝ 来店客数 × 買上率

　通常、販売データの「客数」といえば、「買上客数」のことです。実際に買い物をした人数のみが「客数」としてカウントされ、何も買わずに帰ったお客様はカウントされません。一方、「来店客数」とは、そのように何も買わずに帰ったお客様も含めて、お店にやってきたお客様の総数のことです。

　しかし来店客数はレジデータではわかりません。正確性を求めるなら全営業時間にわたり入店したお客様を数えなければなりませんが、あまり人手に余裕がなければ「拡大推計法」でも十分です。

　拡大推計法では、例えば10:15～10:45までの30分間の入店者数を数え、その30分間の入店者数を2倍して10:00～11:00までの60分間の来店者数を推計します。これを繰り返してその日の来店客数とするやり方です。

　30分間の来店者数が10人にも満たないほど少ないと、大きな誤差が発生することも稀にありますが、特殊な事情がない限りほぼ大きな誤差はありません。来店客数が多い場合は15分の実数を数えて4倍すれば、ある程度信頼できるデータとして使えます。

## 来店客数を拡大推計法で数えてみる

拡大推計法を使えば、人手や時間が足りなくても来店客数をある程度正確に数えられる。

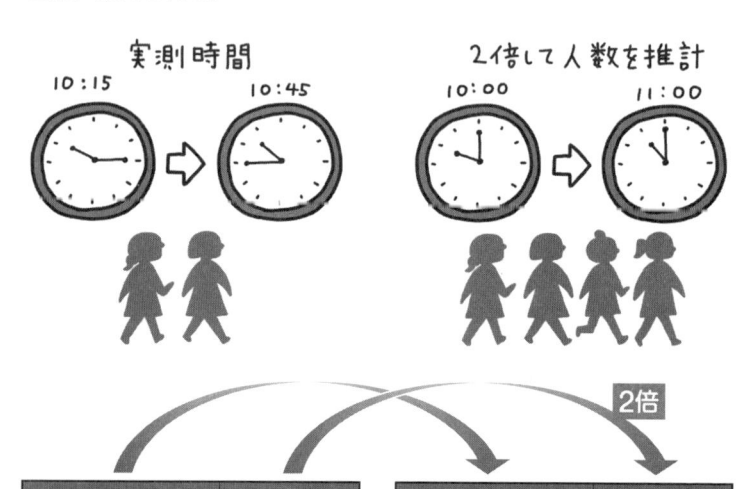

**実測時間**
10:15 → 10:45

**2倍して人数を推計**
10:00 → 11:00

2倍

| 実測時間<br>(1/2時間) | 実測人数 |
| --- | --- |
| 10:15〜10:45 | 20人 |
| 11:15〜11:45 | 30人 |
| 12:15〜12:45 | 45人 |
| ⋮ | ⋮ |
| 合計 | 715人 |

| 時間 | 推計人数 |
| --- | --- |
| 10:00〜11:00 | 40人 |
| 11:00〜12:00 | 60人 |
| 12:00〜13:00 | 90人 |
| ⋮ | ⋮ |
| 合計 | 1,430人 |

　次に着目する数字は、「買上率」です。買上率とは来店したお客様のうち、何人が買い物をしたかという確率です。前ページの「買上客数＝来店客数×買上率」という計算式から、買上率は「買上客数÷来店客数」で求められますね。

言葉を変えると、この「買上率」は、お客様の事前の興味・関心・期待に対して、どのくらい応えられたか（どのくらい納得してもらえたか）の確率を示す数値といえます。この数字（確率）が低いということは、「せっかく足を運んだけど、期待したお店ではなかった……」というサインかもしれません。

## ❷ 客単価は「いくらの商品を何個買うか」で決まる

「買上客数」と同様に「客単価」をさらに因数分解すると、「1人当たり買上点数」と「平均商品単価」に分解できます。

　簡単にいうと、「1人のお客様が、いくらの商品を、何個買うか」で客単価が決まるということです。

> **これは重要！▶計算式**
> 客単価 ＝ 1人当たり買上点数 × 平均商品単価

「1人当たり買上点数」とは、お客様1人当たり何個買ったかの平均値を示す数字です。以下の計算式で求められます。

> **これは重要！▶計算式**
> 1人当たり買上点数 ＝ 買上点数 ÷ 買上客数

　この「1人当たり買上点数」を増やすために、バンドル販売（3個まとめて買うとお得などの販売方法）や関連陳列（Yシャツの隣にネクタイを陳列）などの方法があります。

「平均商品単価」とは、売れた商品1個当たりの平均価格を示す数字で、「一品単価」などといわれることがあります。平均商品単価は以下の計算式で求められます。

> **これは重要!** ▶ 計算式
>
> 平均商品単価 ＝ 売上合計額 ÷ 買上点数

　高品質の高価格商品を揃えれば、商品単価は上がります。しかし、お客様の財布の都合や競合店を考えれば、やみくもに高価格商品を中心に品揃えすると客数が減り、かえって売上を減らすことになりかねません。逆に安売りをすれば、少しは「買上客数」や「買上点数」は増えるでしょう。しかし、値引き分に見合うだけの買上客数や買上点数の増加が見込めるかといえば、それも簡単ではありません。

　店長の役割は最終的な売上合計額を増やすことです。数字を使って、「客単価が下がってもいいから、客数を増やそう」「商品単価を下げてでも、たくさん買っていただこう」などの戦略を考え、狙い通りの結果が出ているかを確認・検証しましょう。

**覚えておきたい!**

### 👉 見るだけのお客様も大切に

　買上率アップをめざすのは必要なことですが、もしも来店客数が減っているのに「買上率」だけが上がっていたら、それは長期的な視点で考えれば危険な傾向かもしれません。気付かないうちに「強引なセールス」になっていたり、「一度入ったらただでは帰さない」雰囲気になっている可能性もあります。

## 「売上高=買上客数×客単価」の分解

このように売上高を因数分解してみると、売上を増やすために考えるべきことが見えてくる。

```
              買上点数÷買上客数      売上合計額÷買上点数
              1人当たり買上点数 × 平均商品単価
                          ↓
売上高 =  買上客数  ×  客単価
          ↑
     来店客数  ×  買上率
     拡大推計法など  買上客数÷来店客数
```

【売上を伸ばすためには……】

・買ってくれるお客様をどうやって増やすか

・1人のお客様にどうやってたくさん買ってもらうか

# 3 市場規模とシェアから売上アップを考える

Chapter 2

　売上高を①「マーケットサイズ（MS）」②「商圏人口」③「シェア」に因数分解する方法もあります。これは船井総研が売上向上のコンサルティングを行なったり売上目標を立てるときに、よく使う考え方です。

> **これは重要！ 計算式**
> 売上高 ＝ マーケットサイズ × 商圏人口 × シェア

　この計算式の視点で考えれば、売上を増やすためには以下の3つの方法があります。
① マーケットサイズを増やす（取り扱い品目を増やす）
② 商圏人口を増やす（人口は増やせないので商圏を拡げる）
③ シェアを上げる（競合店との競争に勝ち、支持率を高める）

## 自店の可能性を知っておく

　それでは、ひとつずつ説明していきましょう。
　①マーケットサイズとは、その商品の人口1人当たりの1年間の購買金額のことです。その商品の国内での総売上高を全人口で割って算出できます。
　例えば、薬21,420円、衣料80,280円、化粧品13,010円…

…これは何の数字だと思いますか？

　化粧品でいえば、これは赤ちゃんからお年寄りまで含めて、1人平均して1年間に13,010円の化粧品を買っていることを表す数字です（2011年船井総研調べ）。つまり化粧品のマーケットサイズ（年間1人当たり購買額）は13,010円ということになります。

　②商圏人口とは、自店が影響を及ぼせる範囲（商圏内）に住んでいる人口のことです。例えば、人口1,000人で、日本の平均的な年齢構成の極めて閉鎖的な町（商圏）があったとします。

　その町に化粧品を扱うお店が1店だけとすると、そのお店での化粧品の年間売上高は13,010円×1,000人で、1,301万円の売上高が見込めることになります。つまり1,301万円以上の売上高をつくろうとしたら、そのお店では化粧品以外の商品を扱わないと不可能であるということです。

　そして最後が③シェアです。その商圏のなかに住んでいる人口のうち、何％のお客様が自店で買い物をしてくれるかを表した数字がシェア（市場占有率）になります。商圏内での自店の支持率ともいえます。
「売上高＝マーケットサイズ×商圏人口×シェア」の式から逆算して、自店のシェア（商圏内でどのくらい支持されているか）を知っておくとよいでしょう。

## マーケットサイズ表

マーケットサイズとは、その商品の人口1人当たりの1年間の購買金額のこと。ここではその一部を紹介する。

| 大分類（業種） | 1人当たり消費支出金額 |
|---|---|
| 化粧品 | 13,010 |
| 薬 | 21,420 |
| 消耗雑貨 | 16,540 |
| 家庭用品 | 5,410 |
| 文具・事務用品 | 10,510 |
| 玩具 | 8,770 |
| 書籍 | 14,550 |
| セルCD・ビデオ・楽器 | 4,570 |
| インテリア | 5,860 |
| 衣料 | 80,280 |
| 食品 | 233,380 |
| 小売業・その他計 | 879,625 |

その商品の国内での総売上÷全人口で計算できるね

※このマーケットサイズ表はすべての業種を網羅しているわけではなく、また重複して掲載している項目もあるため小売業計欄の金額はあくまでも参考です。

　商圏人口1万人の立地で、年間売上高が2,000万円の化粧品店を例にとって、シェアの計算をしてみましょう。

　化粧品のマーケットサイズは13,010円ですから、商圏全体で13,010円×1万人で1億3,010万円の化粧品が売れていることになります。そのうち自店で売っているのが2,000万円ですから、自店のシェアは2,000万円÷1億3,010万円で15.37％になります。このシェアによって、商圏内での自店の

位置付けがわかります。

　ランチェスター理論を応用した船井総研のシェア理論で考えると、シェアが26％あればトップシェア（圧倒的一番店でロイヤリティも高く、誰もが知っているお店）、15％あれば優位シェア(繁盛しているお店)、11％あれば影響シェア（他店に影響を与えるお店）、7％あれば存在シェア（商圏内で存在を認知されているお店）となります。つまり7％以下だと、お店の存在があまり認知されていないと考えられます。

## シェア理論

シェアの数字によって、商圏内における自店の立場がわかる。

| 26% | トップシェア | 通常はその商圏内で一番店になる状態 |
| 15% | 優位シェア | 競合店のなかで頭ひとつ抜きん出ている状態 |
| 11% | 影響シェア | 他店に影響を与える状態 |
| 7% | 存在シェア | 商圏内でその存在を認めてもらえる状態 |

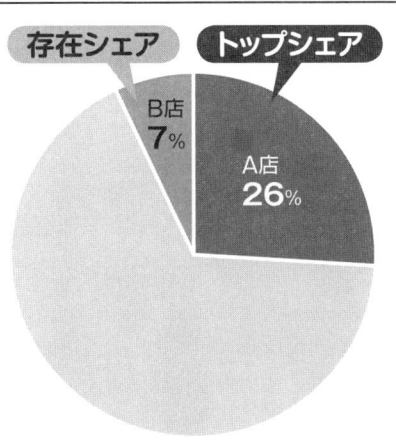

ちなみに、シェアが31％になると、その商圏内には競合がいない「寡占化シェア」と呼ぶよ

存在シェア　トップシェア
B店 7%
A店 26%

## ❷シェアを上げる(支持率を高める)のが近道

　マーケットサイズを増やす(取り扱い品目を増やす)には、在庫を増やす、売場を広げるなど費用が必要になります。また商圏を拡げるにも、出店やチラシ配布エリアの拡大など新たな費用が必要になり、当然、費用に見合うだけの新たな売上が必要になります。

　そう考えると、売上をアップさせるためには、まずシェアを上げる(支持率を高める)ことから考えるのが基本といえるでしょう。

### 覚えておきたい！
#### 👉 ランチェスター法則
　ランチェスター法則とは、F.W.ランチェスター(英国の技術者)が考案した理論を応用して、後にB.O.クープマン(米国の数学者)により市場シェア理論として整備されたものを、さらに船井総研で流通業用に応用した理論です。

## Chapter 2 - 4 「通行人」を「お客様」に変えて売上アップを考える

　売上高を①「店前通行客数」②「入店率」③「導線長」④「視認率」⑤「買上率」に因数分解する数式は、ショッピングセンターなどに出店している比較的大型店舗で使う売上高の計算式です。具体的にはかりにくい数字もありますが、業績を上げるという視点で見れば重要な考え方です。

> **これは重要!** 計算式
> 売上高 ＝ 店前通行客数 × 入店率 × 導線長 × 視認率 × 買上率

　商品によって違いはありますが、事前に決めていた商品を買うお客様は１割程度で、残りの９割程度は店内で買うものを決めるといわれています。そのように考えれば、店頭及び店内の売場演出で、どれだけお客様の購買意欲を高められるかが重要になります。

### ◪ お店（売場）の魅力を「数字」でとらえる

　まずベースになるのがお店の前を通るお客様の人数（①店前通行客数）です。よほど自店独自の集客力があれば別ですが、そうでない限りはやはり人通りの少ない場所での商売は難しい

のが現実です。

　ショッピングセンターや商店街で調べた数字があればそれを使い、なければ実際に数えてみましょう。開店時間中ずっと数えつづけるのはかなり大変なので、お店独自で実施する場合は「拡大推計法」(55ページ参照)で十分です。

　店前通行人数は、自分たちの努力や工夫だけでは増やすことができない外部環境といえますが、これから説明するほかの数字は、自力で変えることができます。

　店前通行客が店内に入ってくれる確率を、②入店率といいます。入店率は以下の計算式で求められます。

> **これは重要!** ▶ 計算式
> 入店率 ＝ 入店客数 ÷ 店前通行客数 × 100（％）

　例えば自店の前を通った100人のうち、10人が入ってくれれば、入店率10％ということになります。お店の知名度を上げ、店頭の魅力を高めれば、この入店率は高くなります。入店率は、別のとらえ方をすれば「お客様の事前期待度」を示しているといえます。

## ↗入店客が「お客様」に変わるまで

　次に、入店したお客様がどのくらい店内を見たかを、お客様が店内を歩いた距離で示した数字が③導線長です。また、同じ意味合いで、お客様がお店にいた時間を示したものを「滞店時間」といいます。

商品構成や売場演出に魅力がなければ、この導線（滞店時間）は短くなります。また、接客販売のお店では、スタッフの声がけのタイミングや、スタッフの態度などによって、その長さが変わってきます。お客様の動きを観察してみると、入ってすぐに出て行ってしまうお客様もいるはずです。お客様が店内を歩いた距離または時間が長くなればなるほど、購入してもらえる可能性は高くなります。什器の配置を工夫したり、適度な通路幅を確保し、マグネット（お客様を引き付ける売場や商品）を配置することなどで、同じ面積のお店でも導線長や滞店時間を延ばすことができます。

そして④視認率とは、実際の商品に興味をもって、立ち止まってもらう確率です。ここでは魅力ある商品・POPなどが必要になります。

最後が⑤買上率です。これは興味をもった商品を実際に買ってもらえる確率です。ここでは価格設定も含めて、お客様に「このお店で買おう」と思わせる仕組みが必要になります。

「売上高＝店前通行客数×入店率×導線長×視認率×買上率」は具体的な実数を測定するのは難しい因数分解ですが、お店の売上をアップさせるために、ぜひとも押さえておきたい考え方といえるでしょう。

店頭や店内の演出で売上を伸ばす考え方ね

# Chapter 2 ツイている商品をつかむ

　41ページで「よい数字に着目をして売れている商品を積極的に展開していきましょう」とお話ししましたが、そのときにABC分析という手法を使うと便利です。ABC分析は売れている商品を把握するのに役立ちます。

## ABC分析で売れ筋商品を見つける

　ABC分析は商品を売れている順番に並べ、「A：主力商品」「B：準主力商品」「C：非主力商品」の3つに区分して、そのランク別に効率的に管理しようという考え方です。

　業種によって多少の違いはありますが、商品の累積構成比（商品別の構成比を、多い順から足し合わせた数字）が75％（70％〜80％）までをAランク（主力商品）として、85％（80％〜90％）までをBランク（準主力商品）、それ以下をCランク（非主力商品）とするのが一般的です。

　では、実際にABC分析をやってみます。手順は次の通りです。

## STEP1

　ある一定期間（1年、6ヶ月、3ヶ月、1ヶ月など）の商品別売上高がわかるデータを用意します。

## STEP2
商品を売上高の多い順に並べます。

## STEP3
商品ごとに売上構成比を計算します。売上構成比とは、販売したすべての商品のなかで、その商品の売上高が占める率です。「売上構成比＝その商品の売上高÷総売上高×100（％）」の計算式で求めます。

## STEP4
計算した構成比を、売上高の多い順に足していき、合計値（累計）を計算します。これを累積構成比といいます。

## STEP5
STEP4で計算した累積構成比が75％程度のところで区切ります。そこまでがAランク「主力商品」です。次に85％くらいのところに線を引き、区切ります。そこまでをBランク「準主力商品」、それ以外をCランク「非主力商品」とし、3つに大別します。

---

**これは重要！ 計算式**

売上構成比 ＝ その商品の売上高 ÷ 総売上高 × 100（％）

## 商品分類表とABC分析図

- ある期間の商品売上高を売上高順に並べる
- 各商品の売上高が全売上高に占める割合を計算
- 売上構成比を累計

| 順位 | 商品名 | 売上高(万円) | 売上構成比(%) | 売上累積構成比(%) | ランク |
|---|---|---|---|---|---|
| 1 | ア | 8,500 | 41.1 | 41.1 | A |
| 2 | イ | 6,500 | 31.4 | 72.5 | A |
| 3 | ウ | 3,000 | 14.5 | 87.0 | B |
| 4 | エ | 900 | 4.3 | 91.3 | B |
| 5 | オ | 800 | 3.9 | 95.2 | C |
| 6 | カ | 400 | 1.9 | 97.1 | C |
| 7 | キ | 290 | 1.4 | 98.5 | C |
| 8 | ク | 170 | 0.8 | 99.3 | C |
| 9 | ケ | 80 | 0.4 | 99.7 | C |
| 10 | コ | 60 | 0.3 | 100.0 | C |
| 売上高合計 | | 20,700 | | | |

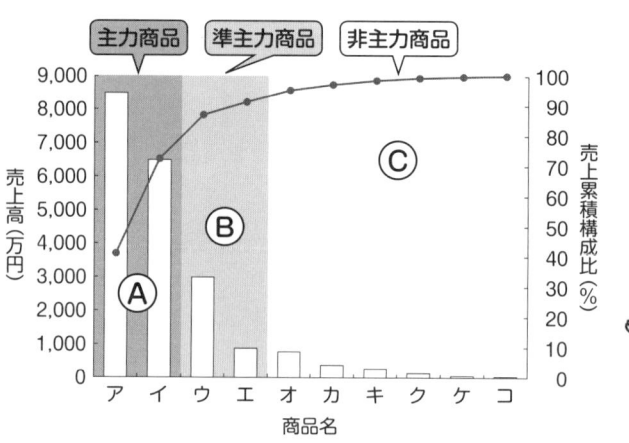

主力商品　準主力商品　非主力商品

# Chapter 2
# 6 数字で考えて他店と差別化する

　たくさんのお店のなかから自店を選んでもらうためには、他店との違いをお客様に伝える必要があります。これを「差別化」といいます。

　価格、品揃え、または品質・サービスのいずれで差別化するかは、お店のコンセプトや戦略によって違います。どれを選ぶにせよ、他店との「違い」をしっかりとお客様にわかってもらわなければなりません。

　他店より「安く」「品揃えが豊富」であったとしても、それをお客様が感じなければ、それは「差別化」とはいえないのです。厳しい表現をすれば、それは単なる自己満足で終わってしまいます。

　大切なことは「違うこと」ではなく「お客様に違いをわかってもらうこと」なのです。

## 差別化の心理原則「1:1.3:1.3²」の法則

　そこで「1:1.3:1.3²」という差別化の心理原則の数字を使って考え、お客様に違いをアピールできているかを検証する方法があります。これは、1.3倍の差があれば誰でもその違いに気付く、というお話しです。

　では、「1:1.3」の法則から説明しましょう。

　1mの棒を用意して、その長さを相手に教えずに数秒見せた後、

それを隠します。次にそれより10cm長い1.1mの棒を見せると、ほとんどの人はその違いに気が付きません。

ところが、同じようにさらに10cm長い1.2mの棒を見せると一部の人がその差に気付きます。そしてさらに10cm長い1.3mの棒になると、ほとんどの人が最初の1mの棒との差を認識できるのです。

つまり、1.3倍の違いがあれば、ほとんどの人がその違いに気が付くということです。

## ❷ 陳列や品揃えで大きな違いをアピールする

スニーカーを主力にしている靴屋さんを例に挙げて、この法則（数字）の活用例をご紹介します。

例えば、競合店がスニーカー売場の陳列棚の長さ（ヨコ）を5mで、棚数（タテ）を5段で陳列展開しているとします。

その競合店と品揃えの豊富さで差別化をはかるなら、自店は陳列棚の長さ（ヨコ）を競合店の1.3倍（6.5m）以上にするのです。これだけでスニーカーがたくさんあるお店として差別化ができます。

さらに棚数（タテ）も1.3倍以上にして7段にしてみたらどうでしょう。その差はかなり強調されるはずです。

このタテとヨコの差別化（面積の差別化）を計算式にすると、$1.3 \times 1.3 = 1.3^2 = 1.69$倍の違いになります。

また品揃えでもこの考え方は使えます。競合店が100アイテムのスニーカーを品揃えしているならば、自店はその1.3倍の130アイテムのスニーカーを品揃えすれば、お客様は自店のほうを「豊富な品揃えのお店」と認識してくれるのです。逆のい

い方をすれば、101〜120アイテムを陳列しても、お客様にその違いはなかなか伝わらないのです。

もちろん、陳列面の大きさやアイテム数だけで優劣が決まるわけではありませんが、このように数字で検証しながら、具体的な差別化の方法を考えていくのは有効な手段となるはずです。

## 数字を使って差別化する方法

「何となく」ではなく、数字を使って競合店との差別化をはかれば、期待できる効果は大きい。

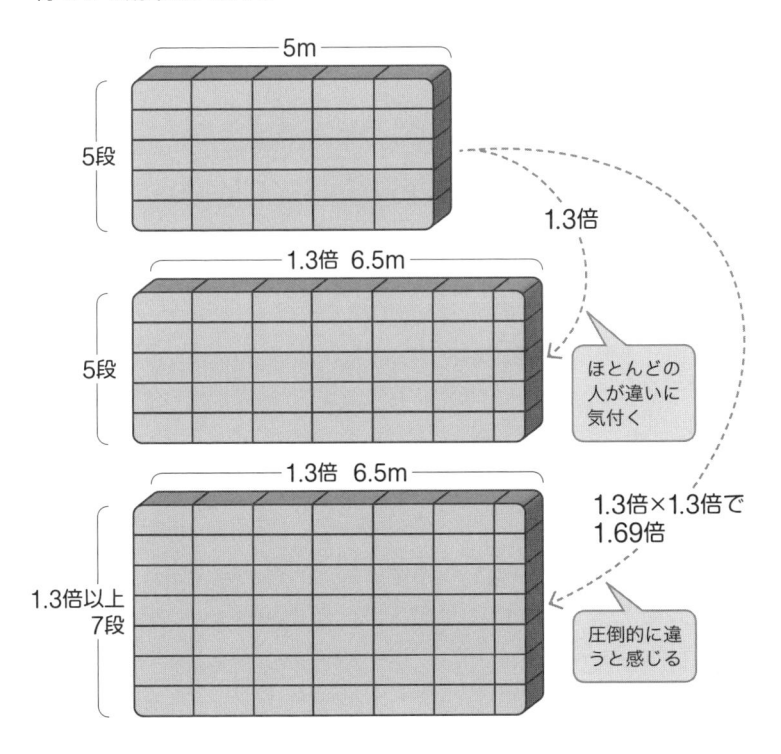

5m
5段

1.3倍 6.5m
5段
1.3倍
ほとんどの人が違いに気付く

1.3倍 6.5m
1.3倍以上 7段
1.3倍×1.3倍で1.69倍
圧倒的に違うと感じる

# Chapter 2
# 7 お客様の予算を知っておこう

　他店と差別化をはかるうえで「品揃えの豊富さ」は重要なポイントのひとつです。しかし、むやみにアイテム数だけを増やしていくと、在庫が増えてお店の資金繰りが悪くなるだけでなく、お客様から見ても店内がゴチャゴチャしていて、選びにくい品揃えになる危険性があります。そこで、「予算帯」という数字を使って、商品構成や陳列を考えてみましょう。

## 🛒 お客様の予算に合わせて品揃えをしよう

　皆様も買い物をするときには、おおよその予算イメージをもってお店を選び、商品を選んでいるはずです。

　スーツを買うことを例に挙げて説明しましょう。3万円ほどの予算でスーツを買おうと考えている人は、アルマーニやディオールのようなお店には行きません。ひとくくりに「スーツ」といっても、3万円のスーツと数十万円もするブランドのスーツはまったく別の商品で、比較検討の対象にならないのです。

　そこで、「予算帯」という数字を押さえておくと便利です。

　日本人は、予算を「1、(2〜3)、5」で切り、「4〜8」で幅をみて考えることが多いといいます。

　商品によっても違いますが、例えばシャツなどでは「1,000円、2,000円〜3,000円、5,000円」。スーツでは「2万円〜3万円、5万円、10万円」の区切りで予算イメージをもつのです。

実際に商品構成を考えるうえでは、この「予算」の考えを活かします。予算にも幅があるのです。
　さまざまな消費者調査や経験則によると、予算が1万円の場合は、8,000円〜1万8,000円までの範囲内で買い物をすることが多くなります。また、予算が5,000円の人は4,000円〜8,000円の範囲内から選んで買い物をすることが多いようです。
　逆にいえば、1万円の予算があるお客様が1万8,000円を超えて2万円〜3万円の商品を衝動買いすることは、稀なことと考えてよいでしょう。
　そう考えていけば実際の品揃え戦略では、予算が5万円のお客様をターゲットとするならば、4万円〜8万円の範囲内で品揃えをしておくと、お客様にとって選ぶ楽しさのある品揃えになるのです。
　価格帯を考えずに品揃えや陳列をすると、ひとつひとつはよい商品であっても、お客様にとっては選びにくく買いにくいこともあります。ぜひ、「予算帯」という視点で定期的にお店全体を見ていただきたいものです。
　品揃えをするときに、どの予算帯のお客様をターゲットにするかを考えて戦略を練ってみましょう。

## ❷価格帯を考えて「客単価」を増やそう

　売上を増やすために、価格についてもうひとつ押さえておきたい数字が、「買い頃価格（買いたくなる価格）」です。
　日本人は中庸を選ぶ傾向があります。「並、上、特上」のどれかを選ばせると、「上」を選ぶ傾向にあるのです。特に購買頻度や購買経験（頻繁に買うか、たまにしか買わないかの度合

い）が低い商品や、単純比較ができない商品については、その傾向が強く表れます。

 もちろん、競合店の価格設定にもよりますが、例えば、2,980円のシャツをたくさん売ろうとしているお店があったとします。

 実際に1,980円、2,480円、2,980円の3つの価格で品揃えをすると、2,980円のシャツはあまり売れません。しかし、2,480円、2,980円、3,980円の3つの価格で品揃えをすると、2,980円のシャツがよく売れるようになります。

 このようにお客様の心理をとらえて「買い頃価格」を考え、品揃えをすることが大切です。

---

**覚えておきたい！**

## デイリー商品と晴れの日商品

 商品には、「デイリー商品」と「晴れの日商品」があります。デイリー商品は文字通り日常的に購入する商品、晴れの日商品とは特別な日に購入する商品です。誕生日のプレゼントなどは典型的な晴れの日商品です。

 デイリー商品を買うとき、お客様の財布の紐はどうしてもかたくなりがちで、予算帯の下限価格で買い物を済ませようとします。

 反対に、晴れの日商品はあくまでも特別な買い物ですから、お客様が気に入ってくれれば財布の紐も緩みます。そこで予算帯の上限までの品揃えをしておくと、購買意欲を高めることができます。

# 第3章

# 品揃えと価格設定で粗利益を増やす

ここでは、STEP2の
「品揃えと価格設定で粗利益を増やす」
方法を考えてみましょう。
「粗利益とは何か？」をもう少し詳しく
解説しながら、粗利益を増やすための
「品揃え」と「価格設定」について
紹介していきます。

# Chapter 3-1 粗利益とは何かを理解しよう

　「商品をいくらで売るか（価格設定）」を考えるときには、必ず「その値段で売ると、いくらのもうけが残るか」を一緒に考えますよね。お店では、「もうけ」のことを「粗利益」と呼ぶのではないでしょうか。ふだんの会話では、「粗利益」とくくっても問題ありませんが、「1％」の利益にこだわって価格戦略を練るなら、「値入高」と「粗利益」を区別して考える必要があります。
　本章ではまず、「値入高」と「粗利益」の違いをしっかりと理解することからはじめましょう。

## 「値入高」と「粗利益」の違い

### 粗利益とは？

もうかるお店に変わるためには、「粗利益とは何か」を正確につかんでおく必要がある。

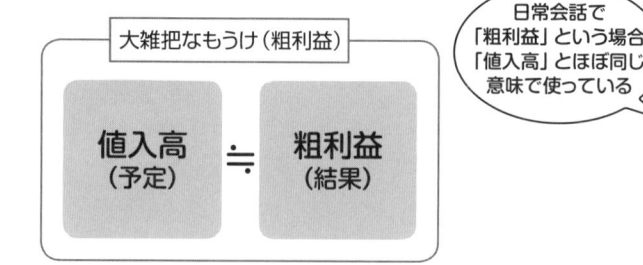

大雑把なもうけ（粗利益）

値入高（予定） ≒ 粗利益（結果）

日常会話で「粗利益」という場合「値入高」とほぼ同じ意味で使っている

第3章 ■品揃えと価格設定で粗利益を増やす

それでは、まず「値入高」について解説しましょう。

仕入れた商品の販売価格（売価）を決めることを「値入」といい、販売価格（売価）と仕入値（仕入原価）の差額を「値入高」といいます。値入高は「予定利益」のようなもの、粗利益は「実績利益」のようなものと覚えておきましょう。

実際には、下記の計算式のように仕入値に値入高を足して販売価格（売価）を決定することになります。

**これは重要！ 計算式**

販売価格（売価） ＝ 仕入値 ＋ 値入高

**実際の販売価格の決め方**

値入高は、販売価格を決める段階の「予定利益」のようなもの。値引きや商品ロスなどによって値入高より粗利益は減る（81ページ参照）。

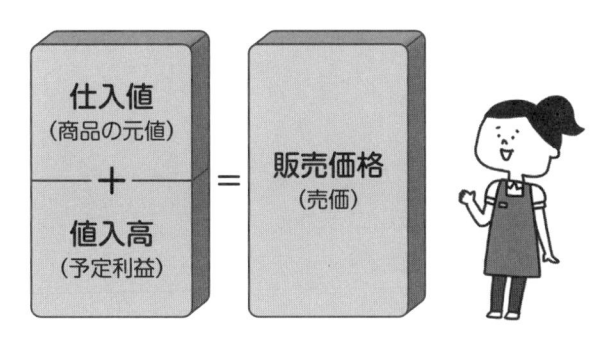

仕入値（商品の元値）
＋
値入高（予定利益）
＝
販売価格（売価）

この売価に対する値入高の比率を「値入率」といいます。値入率は以下の計算式で求めることができます。

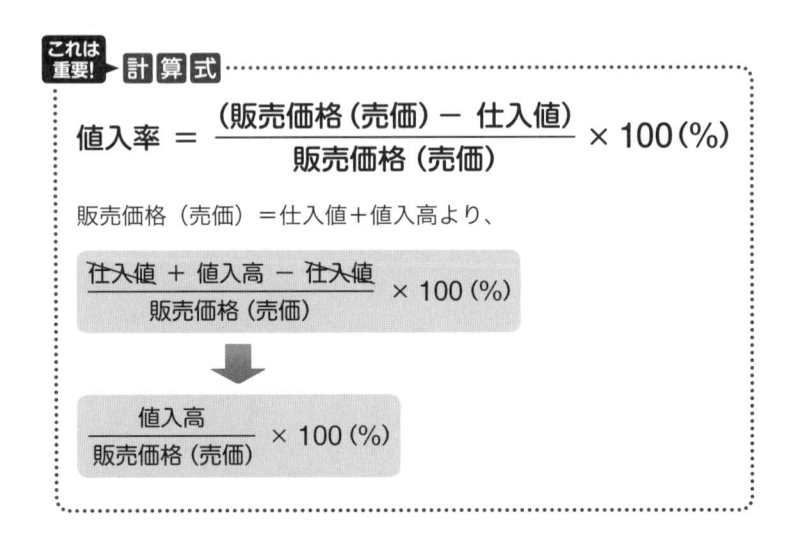

> **これは重要! 計算式**
>
> $$値入率 = \frac{(販売価格（売価） - 仕入値)}{販売価格（売価）} \times 100（\%）$$
>
> 販売価格（売価）＝仕入値＋値入高より、
>
> $$\frac{\cancel{仕入値} + 値入高 - \cancel{仕入値}}{販売価格（売価）} \times 100（\%）$$
>
> ↓
>
> $$\frac{値入高}{販売価格（売価）} \times 100（\%）$$

例えば、700円で仕入れた商品に1,000円の販売価格を設定した場合は、1,000円（販売価格）と700円（仕入値）の差額の300円が値入高です。そして300円（値入高）を1,000円（販売価格）で割った数字の30％が値入率となります。

$$\frac{1,000円（販売価格） - 700円（仕入値）}{1,000円（販売価格）}$$

↓

$$\frac{300円（値入高）}{1,000円（販売価格）} \times 100\% = 30\%（値入率）$$

## ◪「値引き」と「粗利益」の関係

当初の予定通りに1,000円で売れば300円の粗利益となるのですが、下図のように、「値引き」をすれば値引きした分だけ、「値入高」より「粗利益」は少なくなります。

> **値引きをすれば、値入高より粗利益は減る**

値引きすればするほど、値入高（予定利益のようなもの）より粗利益（実績利益のようなもの）は減ってしまう。

値引きによって粗利益は値入高より少なくなった！

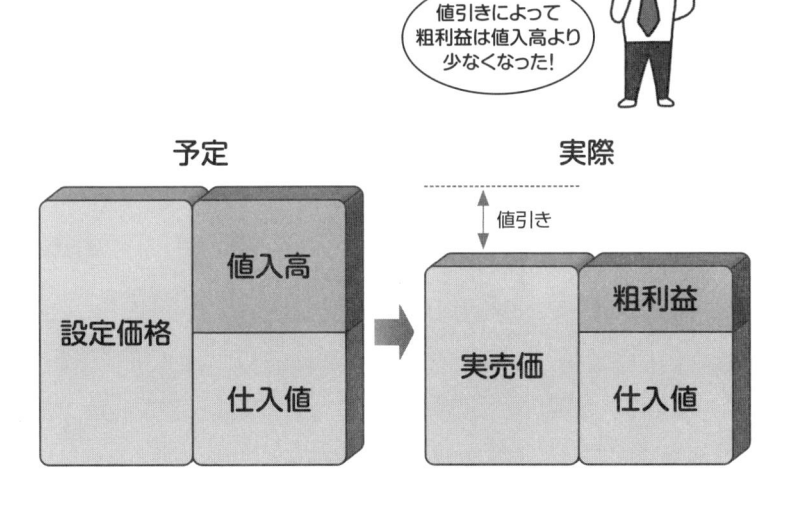

予定：設定価格 = 値入高 + 仕入値

実際：実売価 = 粗利益 + 仕入値（値引き分減少）

## 7 「商品ロス」と「粗利益」の関係

　また下図のように「商品ロス（盗難、破損、廃棄）」によって本来なら販売するはずの商品がなくなってしまえば、その分だけ「値入高」より「粗利益」は少なくなります。

> **商品ロスによって、値入高より粗利益は減る**

値引きをしなくても、商品ロスなどによって値入高よりも粗利益が減ってしまう場合もある。

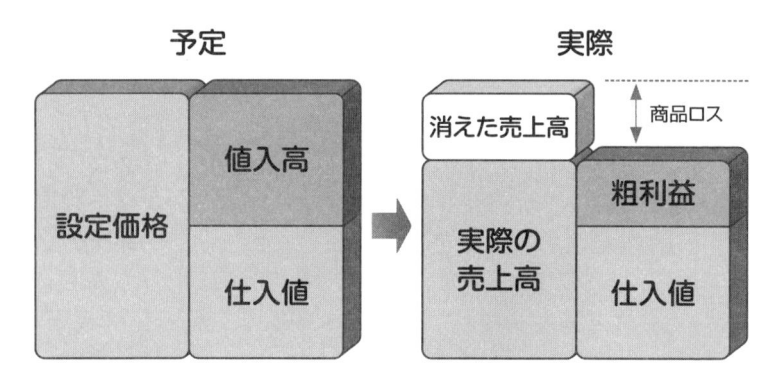

予定　　　　　　　　実際

設定価格 ｜ 値入高 ／ 仕入値　→　消えた売上高／実際の売上高 ｜ 粗利益／仕入値　（商品ロス）

　値入高は予定利益、粗利は実績利益です。もし、「値引き」も「商品ロス」もなく当初の予定通りに販売できれば、「粗利益」と「値入高」は同じ値になるはずです。そこで日常の会話では「粗利益＝値入高」で同意語として使っているのです。

# Chapter 3
## 2 粗利益を増やす商品構成とは（粗利ミックス）

　粗利ミックスとは、集客効果も高くたくさん売れるけれど、売れてもあまり粗利益につながらない商品と、それほど多量に売れないものの、売れたときにはしっかりと粗利益が確保できる商品を上手く組み合わせて、集客・売上と粗利益（もうけ）をバランスよく増やしていこう、という考え方です。

　粗利ミックスは、以下の3つに分けて考えるのが一般的です。
① お客様の来店を増やすための商品（＝集客商品）
② 売上を増やすための商品（＝主力商品）
③ お店の粗利益率を高めるための商品（＝収益商品）

### ◪商品の「売れる力」のはかり方

　粗利ミックスの本題に入る前に、まず商品力（商品が売れる力）について考えてみましょう。

　次ページの図のように、商品力は「価値（品質など）／価格」の公式で表すことができます。つまり、商品力が高いか低いかは、「価格」と「価値」の関係で決まるのです。

　商品の価値を変えずに価格を下げれば、おそらくお客様は増加し、たくさん売れるようになります。しかし採算を度外視して価格を下げると、適正な「粗利益」は確保できなくなります。

　反対に、価格を変えずに価値を高めることができれば、商品力は高まり売上は増えるでしょう。しかし「価値を高める」と

いうのは簡単ですが、実際にその価値を伝え、お客様にわかってもらうのはとても難しいことです。

しかも競合店が価格を下げているなか、粗利益を確保するために価格を維持しようとすると、お客様は価格を比較して安い競合店に流れてしまう危険性があります。

## 商品力を表す公式

品質などの価値、そして価格の関係で商品力は決まる。

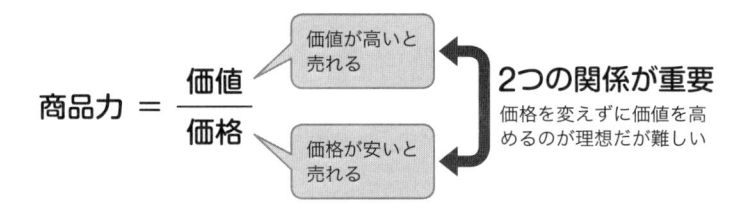

$$商品力 = \frac{価値}{価格}$$

- 価値が高いと売れる
- 価格が安いと売れる

**2つの関係が重要**
価格を変えずに価値を高めるのが理想だが難しい

集客効果は高くたくさん売れるけれど利益にはつながらない商品と、たくさんは売れないけれど売れたときにはしっかり利益が出る商品を、バランスよく組み合わせる方法を考えたいところです。つまり粗利益をしっかり確保しながら、客数と売上を維持向上させる必要があるわけです。

そのための有効な方法が、商品を「集客商品」「主力商品」「収益商品」の3つに区分して品揃えを考える、「粗利ミックス」というものです。

第3章 ■品揃えと価格設定で粗利益を増やす

## 商品を3つに区分して考える粗利ミックス

品揃えを、集客商品・主力商品・収益商品の3つに分けて考えてみよう。

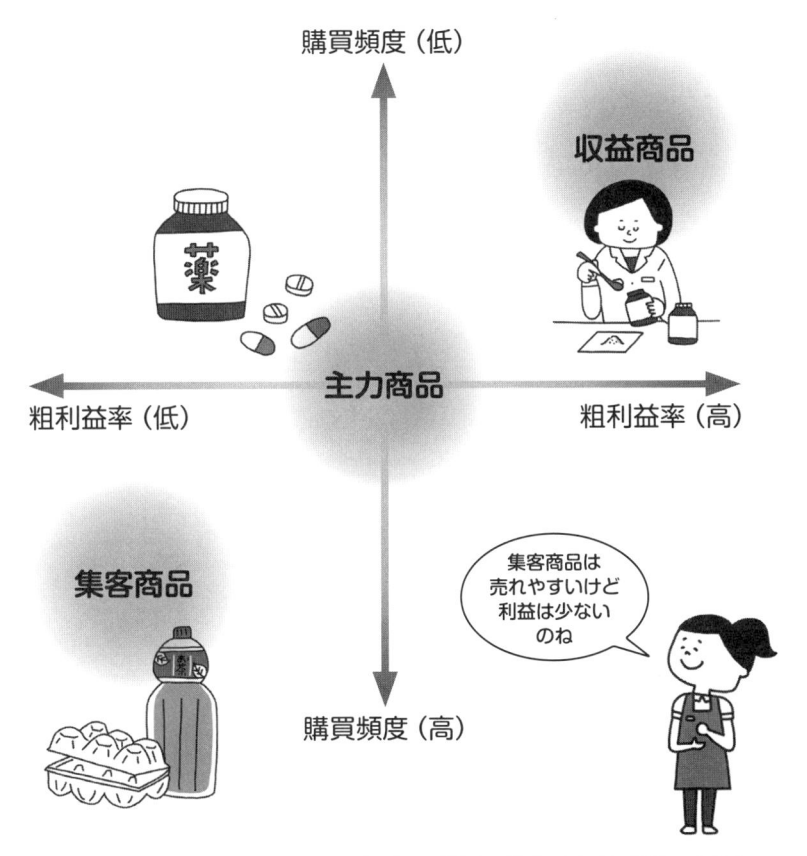

購買頻度（低）
↑

収益商品

粗利益率（低） ← 主力商品 → 粗利益率（高）

集客商品

「集客商品は売れやすいけど利益は少ないのね」

↓
購買頻度（高）

|  | 集客商品 | 主力商品 | 収益商品 |
|---|---|---|---|
| 価値 | 他店と同じ | 他店より高い | 価格以上に高い |
| 価格 | 他店より安い | 他店と同じ | 他店より少し高い |

## 2 来店動機になる集客商品

「集客商品」とは文字通り、お客様の来店動機となる商品のことです。自店でしか売っていない圧倒的な人気商品で集客できればよいのですが、なかなかそうもいかないものです。

そこで、お店としてはどうしても「価格」の安さでお得感をアピールすることが多くなります。

しかも安ければそれだけでよいというわけではなく、お客様が必要とする商品で、かつ購買頻度の高い商品（頻繁に買う商品）でないと、高い集客効果は期待できません。

その代表的な例がドラッグストアにおける「食品」です。ドラッグストアはその名の通り「クスリ」がメイン商品ですが、クスリは病気になったときにしか必要ありません。風邪薬は風邪をひいた人しか必要としませんから、それらの商品を集客商品にしてもその効果は限られます。

そこで一昔前のドラッグストアでは、誰もが定期的に購入する「トイレットペーパー」や「洗剤」などの消耗品を集客商品として扱っていました。

しかしトイレットペーパーは、クスリに比べれば購買頻度は高いですが、それでも1パック買えば2～3週間はもちます。そこでもっと購買頻度の高い商品はないだろうかと考え、今やほとんどのドラッグストアが、「食品」「清涼飲料」で集客をはかっているのです。これなら毎日買いにきてくれます。

集客商品の基本戦略は、前述した「価値」と「価格」の関係

で説明するなら、"同じ価値の商品を競合店より安くすること"にあります。そのため、どうしても「値入率」を低く抑えることになります。

ですから、売れるからといって「集客商品」に力を入れすぎると、もうからないお店になってしまうのです。

> **集客商品の原則**

価格が安く購買頻度の高い商品が集客商品になりやすい。ただし値入率を低く抑えることになるので、売れてももうけは少ない。

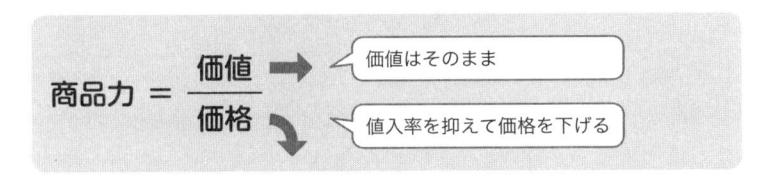

$$商品力 = \frac{価値}{価格}$$

→ 価値はそのまま
→ 値入率を抑えて価格を下げる

## ↗「売上」と「粗利益」を両立させる主力商品

主力商品とは、しっかりと粗利益を確保しながら売上をつくれる商品です。この「主力商品」の売上を伸ばせるかどうかが、お店の本当の実力といえるでしょう。

粗利益を確保するためには、ある程度「値入率」を高くしておく必要があります。そのため、特別に安価で仕入れることができる仕入ルートでもない限り、「安さ」で競合店と差別化をはかることはできません。もちろん、他店より高い価格設定では、集客商品を目当てに来店したお客様に、主力商品まで買ってもらえません。

そこで「主力商品」を売るための基本戦略は、"同じ価格の商品を、他店よりも価値を高める"ことになります。

> **主力商品の原則**

同じ価格のまま価値だけ高めることで売れるようになる。例えば売場づくりや接客などが重要になる。

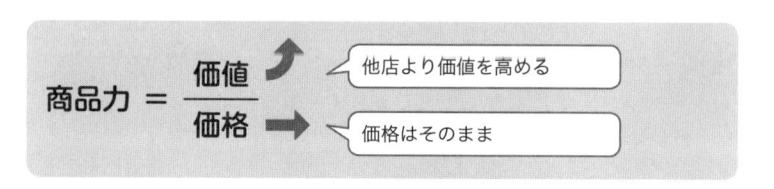

商品力 ＝ 価値／価格
- 他店より価値を高める
- 価格はそのまま

　製造販売をしているお店を除けば、商品自体の価値を高めることはできませんから、見やすく選びやすい売場、親切丁寧な接客などで価値を高めていくことになります。

　例えばドラッグストアの主力商品は「クスリ」です。

　食品などの集客商品を目的に来店したお客様が、「集客商品」だけを買い、クスリなどの「主力商品」は競合店で買ってしまったら、利益は出せないでしょう。

　そこで、もうかっているドラッグストアでは、価格以外の要素で主力商品であるクスリの売上を増やす工夫をしています。例えば、清潔感のある売場、選びやすいPOPと陳列、専門的で親身なスタッフの応対などに力を入れているのです。

## ❷ 粗利益率を高める収益商品

　収益商品とは文字通り収益になる商品ですから、値入（価格

設定）を高くしておく必要があります。

特別な仕入ルートが必要な希少性のある商品や、専門的な知識がないと売れない商品、もしくは、購買頻度が低いのでほかのお店では取り扱っていない商品であれば、他店と価格比較をされることも少ないために、これが「収益商品」となります。そこで「収益商品」を売るための基本戦略は、"価格は高く設定して、価値を価格以上に高める"ことになります。

例えばドラッグストアでは、少し高価な健康食品などが「収益商品」となっています。また近年では、処方箋の調剤に力を入れて、「収益商品」としています。

## 収益商品の原則

たくさんは売れないけれど売れたときのもうけが大きい商品。価格が高いため、それ以上に価値を高める必要がある。

$$商品力 = \frac{価値}{価格}$$

← 価格以上に価値を高める
← 価格は高く設定

確実に利益を出すためには、「集客商品」「主力商品」「収益商品」の3つに分けて品揃えを考え、集客・売上と粗利益（もうけ）をバランスよくアップさせることが大切です。次項では具体的な数字を使って、この3つの商品を揃えるポイントを紹介します。

購買頻度が低くても粗利益率が高い商品だね

# Chapter 3 粗利益を予測して品揃えをする

　粗利益率の同じ商品を売っていれば、「売上高×粗利益率」で粗利益を計画することができます。しかし粗利益率の高い商品から低い商品までを揃えている場合は、単純には予測できません。

　例えば、粗利益率10％の集客商品、30％の主力商品、50％の収益商品を販売しているとします。この場合、粗利益がいくらかというと、単純に3つの平均を取って30％＝(10％＋30％＋50％)÷3……というわけにはいきません。ここで、相乗積という計算が必要になります。

## 🔑粗利益を予測する計算方法

　まず、右ページの表を見てみましょう。この表のように、粗利益率10％の集客商品Aが売上構成比10％、粗利益率30％の主力商品Bが売上構成比70％、そして粗利益率50％を取れる収益商品Cの売上構成比が20％だとします。

　この場合のお店全体の平均粗利益率を出すには、各商品ごとに粗利益率と売上構成比を掛け合わせて（この計算式を相乗積といいます）、それを合計します。

　A(10％×10％)＋B(30％×70％)＋C(50％×20％)
　＝1％＋21％＋10％
　＝32％

> **これは重要!** **計算式**
>
> お店全体の平均粗利益率 ＝ 相乗積$\begin{pmatrix} 商品別の \\ 粗利益率 \end{pmatrix} \times \begin{pmatrix} 売上 \\ 構成比 \end{pmatrix}$の合計

つまり、平均粗利益率とはその店で販売しているすべての商品の相乗積（商品別の粗利益率×売上構成比）の合計値となります。

## お店の平均粗利益率を計算する

粗利益率の高い商品から低い商品までを扱っている場合は、粗利益を計算する際に相乗積を使う。

| 商品 | 粗利益率 | 売上構成比 | 相乗積 |
|---|---|---|---|
| 集客商品 A | 10% | 10% | 1.0% |
| 主力商品 B | 30% | 70% | 21.0% |
| 収益商品 C | 50% | 20% | 10.0% |
| 合計 | | | 32.0% |

↑ お店全体の平均粗利益率

ここでよく売れるからといって「集客商品」ばかりに力を入れたらどうなるか、相乗積を使って計算してみましょう。

次ページの表を見てください。集客商品ばかりに注力した結果、集客商品Ａの売上構成比が10％から30％に増え、主力

商品Bの売上構成比が70％から50％に減り、そして収益商品Cの売上構成比が20％のままだとします。

> お店の平均粗利益率を計算する（集客商品だけが増えた場合）

よく売れるからと集客商品の売上構成比を伸ばすと、お店の平均粗利益率が下がってしまうこともある。

| 商品 | 粗利益率 | 売上構成比 | 相乗積 |
|---|---|---|---|
| 集客商品 A | 10％ | 10％ ➡ 30％ | 1.0％ ➡ 3.0％ |
| 主力商品 B | 30％ | 70％ ➡ 50％ | 21.0％ ➡ 15.0％ |
| 収益商品 C | 50％ | 20％ ➡ 20％ | 10.0％ ➡ 10.0％ |
| 合計 |  |  | 32.0％ ➡ 28.0％ |

集客はしたけどもうからない状態

　この場合のお店の平均粗利益率を計算すると、以下のようになります。
　A（10％×30％）＋B（30％×50％）＋C（50％×20％）
　＝3％＋15％＋10％
　＝28％
「集客はしたけど、もうからない」などという事態が起こるのです。

## 2 粗利益目標を確保するために必要な売上は？

　ではここで、粗利益率が下がったときに、粗利益の額を減ら

さないためには、どれだけ売上を増やす必要があるかを計算する方法も押さえておきましょう。

　安定してもうけを出せるお店になるには、粗利益率より粗利益の額のほうが大切ですから、粗利益の額をアップさせるために必要な売上高を考えることが重要です。

　とても大切な計算式なのでしっかりマスターしましょう。

> **これは重要！ 計算式**
>
> 売上高 × 粗利益率 ＝ 粗利益
>
> この式を展開すると……
>
> 売上高 ＝ 粗利益 ÷ 粗利益率
>
> ↓
>
> 粗利益目標を確保する売上高 ＝ 粗利益目標 ÷ 粗利益率

　それでは先ほどのように、平均粗利益率が32％から28％に低下した場合に、その低下に見合う売上（つまり以前と同じ粗利益を確保するための売上）はいくらかを計算してみましょう。「粗利益率が4％下がったのだから、売上を4％増やせばいいのでは」と思った人もいるかもしれませんが、そう単純には計算できません。

　仮に、以前の売上が1,000万円で粗利益率が32％だったとします。その場合の粗利益は1,000万円×32％で320万円になります。

ここで考えるのは、粗利益率が28％になっても同じ粗利益320万円を確保するためにはいくらの売上が必要か、です。先ほどの「粗利益目標を確保するために必要な売上高」を求める計算から次のように考えられます。

粗利益目標を確保する売上高 ＝ 粗利益目標÷粗利益率
　　　　　　　　　　　　　＝ 320万円÷28％
　　　　　　　　　　　　　＝ 320万円÷0.28
　　　　　　　　　　　　　＝ 1,143万円※

　　　　　　　　　　　　　　※1万円未満切り上げ

　現在の売上高1,000万円に対して1,143万円ですから、率にして14.3％の売上増が必要になるのです。
　ちなみに、同ケースで粗利益率が32％から2％低下して30％になった場合に必要な売上高を計算すると、以下になります。

粗利益目標を確保する売上高 ＝ 粗利益目標÷粗利益率
　　　　　　　　　　　　　＝ 320万円÷30％
　　　　　　　　　　　　　＝ 320万円÷0.3
　　　　　　　　　　　　　＝ 1,067万円※
　　　　　　　　　　　　　　6.7％の売上高増が必要

　　　　　　　　　　　　　　※1万円未満切り上げ

　粗利益率が数％下がると、売上はもっと大きく増やさなければなりません。値引きをしたからといって簡単に売上が増える時代ではありませんから、粗利益を維持・向上させるためには、やはり「粗利益率」を確保できるように工夫する必要があるといえます。

## Chapter 3-4 値引きと粗利益の関係

　売上を増やすために有効な販促方法のひとつに、「○%OFF」という「値引き」があります。
　値引率が高ければ高いほど集客や売上増加の効果は高まりますが、よくよく計算をしたうえで値引きをしないと、かえって利益を減らしてしまう結果になります。
　そこで、値引きと粗利益の関係を理解しておきましょう。

### 値引きしても損しないために

　商品を20%値引きして売ったときに、粗利益はどうなるでしょうか？　「粗利益は20%減少」ではありません。
　値引きした際の粗利益は最初の値入（販売価格を決めること）によって変わります。値引きをした後の粗利益率は、以下の計算式で表すことができます。

> **これは重要！　計算式**
>
> $$\text{値引き後の粗利益率} = \frac{\text{初期値入高} - \text{値引き額}}{\text{初期売価} - \text{値引き額}} \times 100\ (\%)$$

　例を挙げて解説しましょう。
　A店では通常、500円で仕入れたワンピースに、値入高500

円として（利益を乗せて）1,000円の売価設定で販売していたとします。このときの値入率（売価に対する値入高の比率）は50％です。そのようなワンピースをセールで30％値引きし、700円で売りました。

700円（売価）－500円（原価）＝200円（粗利益）

上記の計算により、実際の粗利益は200円とわかります。
値引き後の粗利益率は、以下の計算式から28.57％となります。

200円÷700円で＝28.57％

最初の値入率が50％の商品なら、30％値引きをしても約28％の粗利益を確保することができました。
では最初の値入率が30％の商品で、同じように30％値引き

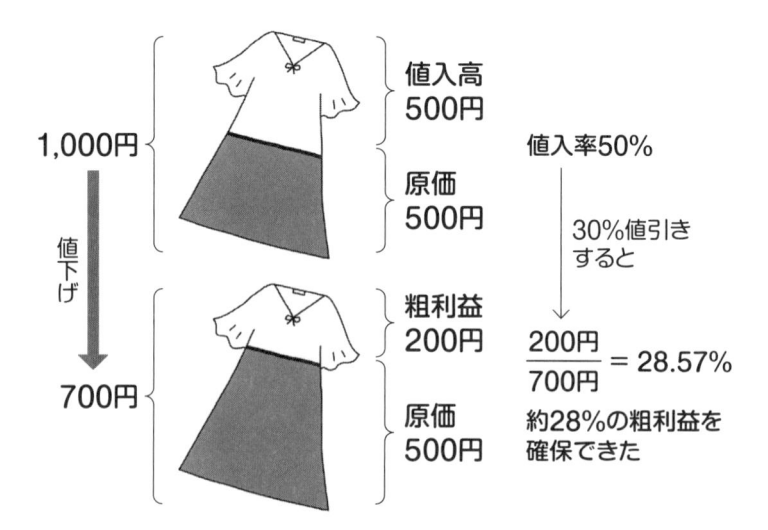

販売したらどうなるでしょうか？　これも例を挙げて説明してみます。

　B店では通常、700円で仕入れたワンピースに、300円の値入をして1,000円の売価で販売していたとします（値入率30％）。A店に負けないように30％の値引きをしたら、販売価格（700円）－原価（700円）で、計算するまでもなく粗利益は「0円」となります。

　これはちょっと極端な例でしたが、値引きによって損をしないために、値引き後の粗利益率を計算しておく重要性はご理解いただけたと思います。

## 🔢 見切り販売はもったいない？

　現実問題として、仕入れた商品が予測したようには売れないという事態に直面することもあります。

　いつまでも売れない商品を売場に陳列していると売場の鮮度が悪くなりますし、資金繰りも悪化します。場合によっては、損をしてでも売り切って現金化する必要も出てきます。これを「見切り販売」といいます。

　「20％引きからはじめて、次は50％引き……」というように、少しずつ値引率を増やしていくことがありますよね。このような場合の最終的な粗利益（率）がどうなったかを計算して、検証してみましょう。

　先ほどと同じように、B店では1枚当たり700円のワンピースを100枚仕入れたとします。

　初期設定した売価1,000円で30枚売れました。次は20％値

引きをしたところ、50枚売れました。その次に50％値引きして残りの20枚を完売しました。そのとき、粗利益は以下の計算式で求められます。

　300円×30枚＝9,000円（1,000円で販売）
　100円×50枚＝5,000円（800円（20％引き）で販売）
　▲200円×20枚＝▲4,000円（500円（50％引き）で販売）

　合計1万円の粗利益を上げたことになります。
　ちなみに最後の50％引きの段階では、売価は仕入値を下回っていますが、売れない商品（古い商品）をいつまでも在庫にしておくより、損をしてでも売ってしまい、その資金で売れる商品（新たな商品）を仕入れていくことも、ときには必要です。

## 2 値引きを予定して販売価格を決めておく

　少しややこしいですが、もうける店長になるために一番大切な数字の説明に入ります。
　政策的に「バーゲンセール」を行なう場合は、値引きをしてもしっかりと粗利益が確保できるように考えて、最初の値入をしておく必要があります。代表的な例がアパレルなどの季節商品を取り扱う場合です。
　初期値入率をいくらに設定したらよいかは、次ページの計算式で求めることができます。

> **これは重要!** **計算式**
> 初期値入率 ＝ 目標粗利益率 ＋
> 　　　　　　（1回目の値引率 × 目標消化率）＋
> 　　　　　　（2回目の値引率 × 目標消化率）……

　3回目、4回目と値引きを重ねていく場合は、上の式に、「3回目以降の値引率×目標消化率」を足していきます。目標粗利益率とは、値引きしなければ実現した粗利益率のことです。

## 値引きすることを考えて最初の値入をする

「もうけ」を確保するためには何回値引きをしても大丈夫か、最初の値入の際に押さえておくことが重要になる。

```
初期値入率 ＝ 目標粗利益率
            ＋
         値引率① × 目標消化率①　1回目の値引き
            ＋
         値引率② × 目標消化率②　2回目の値引き
            ＋
         値引率③ × 目標消化率③　3回目の値引き
            ⋮
```

では具体的に紹介しましょう。

値引きしなければ30%の粗利益率を確保できるとします（プロパー販売時の粗利益率30％に相当する粗利益）。ちなみに初期売価で売ることを「プロパー販売」と呼びます。

あるお店では季節商品であるTシャツの50％は、初期設定の売価で販売します。

残りの40％は初期売価の20％引きで、最後の10％は50％引きで販売します。

このとき最初の値入率を何%に設定しておけばよいでしょうか。

初期値入率
＝30％（目標粗利益率）＋(20％×40％)＋(50％＋10％)
　　　　　　　　　　　　　　　　↓　　　　　　↓
　　　　　　　　　　　　　1回目の値引き　2回目の値引き
＝30％＋8％＋5％
＝43％

この事例では、最初の値入率を43％に設定しておけば、当初計画していた粗利益が確保できることになります。

値引きせずに仕入れた分すべてを売り切れない商品の場合は、値引きしても目標の粗利益を確保できるように逆算して、最初の価格設定をすることが大切になります。

# 第4章

# 商品管理を徹底して粗利益を増やす

ここでは、STEP3の「商品管理を徹底して粗利益を増やす」方法を紹介します。いい加減な「商品管理」のために、本来なら得られたはずの「粗利益」を無駄にしていることがあります。そこで「商品管理」「在庫管理」の大切さと、粗利益との関係について紹介します。

# Chapter 4-1 計算上の在庫と実際の在庫とは

　前章でもお話しした通り、「値入高」は商品を販売する前の予定利益、「粗利益」は商品を販売した結果としての実績利益です。「値引き」や「商品ロス」がなければ、値入時に予定した通りのもうけが確保できるのです。

　集客や売上を増やすためには、粗利益率を減らしてでも値引きをすることが戦略的に必要なときもあります。

　しかし商品ロスは、文字通り「ロス（遺失）」ですから、そこから生み出されるものは何もありません。商品ロスはないほうがよいに決まっています。

## ▶ 棚卸が重要な理由

　31ページで紹介した通り、「粗利益＝売上高－売上原価」ですから、粗利益を増やすためには「売上高を増やす」か「売上原価を減らす」かのどちらかです。売上原価は以下の計算式で求められます。

> **これは重要！ 計算式**
>
> 売上原価 ＝ 期首在庫高 ＋ 期中仕入高 － 期末在庫高

正確な売上原価を計算するためには、正確な「仕入高」と「在庫高」を把握する必要があります。

「仕入高」は仕入伝票を集計すれば正確な数字を把握できますが、「在庫高」を正確に把握するためには棚卸（実際にお店の在庫を数える作業）を行ない、在庫の実数を調べなければなりません。

お店では、損益の計算をするときに「期間」を設定します。一般的には、日単位・週単位・月単位・年単位で計算をしますが、そのはじまりの時点を「期首」、終わりの時点を「期末」、その間を「期中」といいます。

例えば4月1日〜4月30日までの1ヶ月間で損益計算書をつくるならば、「期首在庫」は4月1日の営業開始時点の在庫のことで、「期末在庫」は4月30日の営業終了時点での在庫のことです。そして、4月1日から4月30日までの期間を「期中」といいます。

## 損益計算書の「期間」とは？

4月1日〜4月30日までの1ヶ月間で損益計算書をつくる場合、「期首」と「期末」は以下の時点のことを指す。

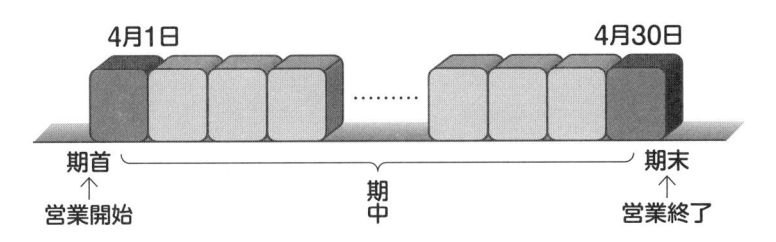

4月1日　　　　　　　　　　　　　　4月30日

期首　　　　　　　　　　　　　　　期末
↑　　　　　　　期中　　　　　　　　↑
営業開始　　　　　　　　　　　　　営業終了

## より正確な在庫をつかむ

棚卸とは、実際にお店の在庫を数える作業のこと。「在庫高」を正確に把握するためには、在庫の実数を調べる必要がある。

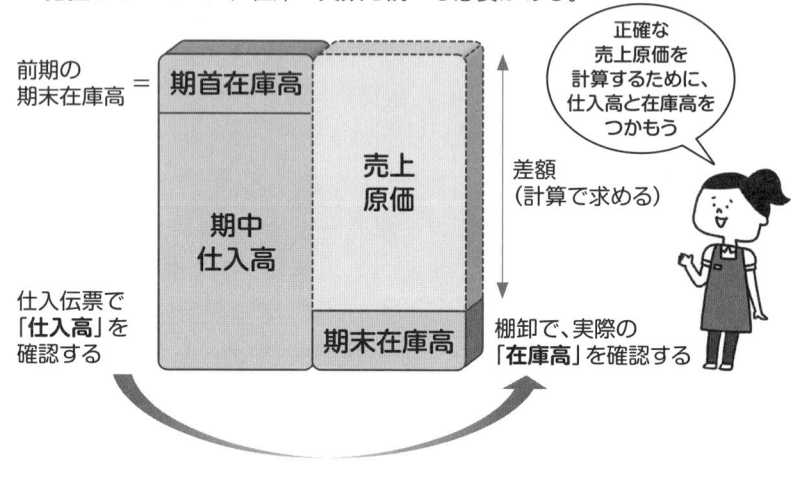

前期の期末在庫高 ＝ 期首在庫高

期中仕入高

売上原価

期末在庫高

差額（計算で求める）

仕入伝票で「仕入高」を確認する

棚卸で、実際の「在庫高」を確認する

正確な売上原価を計算するために、仕入高と在庫高をつかもう

　実際は在庫は数量ではなく金額で計算しますが、ここではわかりやすいように、適宜、数量を使って説明をしましょう。

　例えば、4月1日の時点で20個の在庫があったとします。そこで、月末までの1ヶ月間に100個売れて、100個仕入れたとします。計算では100個仕入れて100個売れたのですから、4月末時点での在庫は期首と変わらず20個あるはずです。

　つまり計算上では、100個分の仕入値が、そのまま4月分の売上原価となるはずです。

20個（期首在庫）＋100個（期中仕入）－20個（期末在庫）
＝100個分（売上原価）

## 計算上の在庫

商品ロスがなければ、100個仕入れて100個売れたのだから、計算上では在庫は20個残っていることになる。

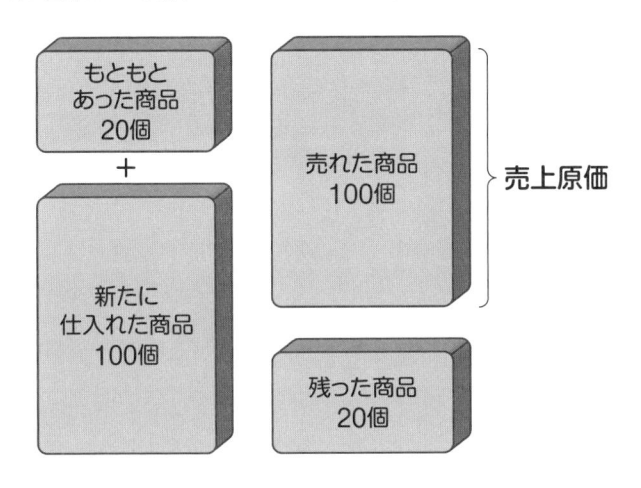

- もともとあった商品 20個
- ＋
- 新たに仕入れた商品 100個
- 売れた商品 100個
- 残った商品 20個
- 売上原価

しかし実際に月末に商品を数えたところ、在庫は10個しかなかったとします。そのような場合は、売上原価は以下のようになります。

20個（期首在庫）＋100個（期中仕入）－10個（期末在庫）
＝110個分（売上原価）

計算上の在庫より、実際の在庫は10個少なかったのですが、このような場合、売上原価は販売した分だけでなく、在庫から消えた商品分も含めて考えます。

## 売上原価は商品ロスも含めて考える

実際に商品を数えると、計算上の在庫とは数が異なることもよくある。

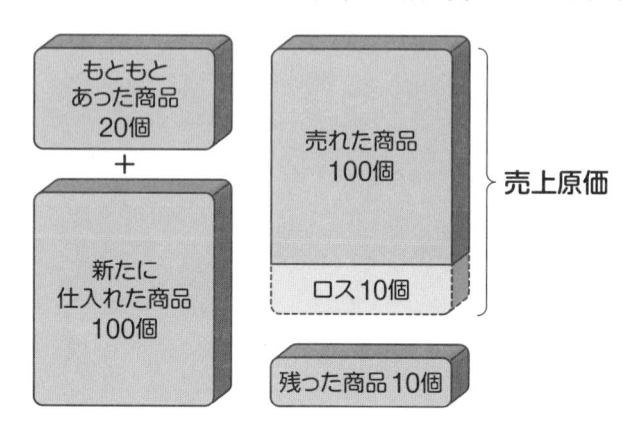

```
もともとあった商品 20個
＋
新たに仕入れた商品 100個

売れた商品 100個
ロス 10個
残った商品 10個

売上原価
```

このように、あるべき在庫（計算上の在庫）と実際の在庫の差を、「ロス額」といいます。また売上高に対するロスの比率を「ロス率」といいます。ロス率を数値化する方法はいくつかありますが、一般的には以下の計算式で求められます。

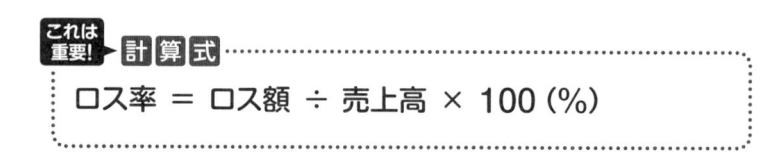

**これは重要！ 計算式**

ロス率 ＝ ロス額 ÷ 売上高 × 100（％）

粗利益をしっかり確保するためには、この「ロス額」と「ロス率」の推移をしっかり数値管理して、0.1％でも下げていくことがとても大切です。

# Chapter 4-2 「商品ロス」とは何か?

「商品ロス」とは販売以外の理由で在庫商品が減ることをいいますが、それにはどのような原因が考えられるでしょうか。

主な原因として(1)万引き(盗難)ロスと、(2)廃棄ロスに分けられます。

## 商品ロスの原因

販売していないのに在庫商品が減ってしまう理由には大きく分けて2つがある。

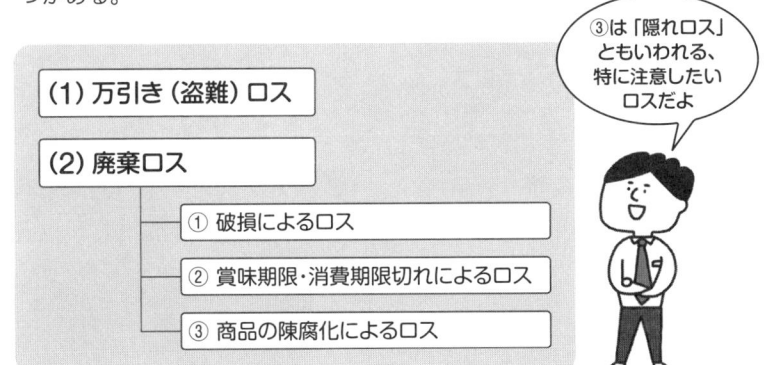

- (1) 万引き(盗難)ロス
- (2) 廃棄ロス
  - ① 破損によるロス
  - ② 賞味期限・消費期限切れによるロス
  - ③ 商品の陳腐化によるロス

③は「隠れロス」ともいわれる、特に注意したいロスだよ

## 商品ロスが発生する原因

商品ロスが起こる理由について、詳しく解説します。

### (1) 万引き（盗難）ロス

意外に多いのが、この万引き（盗難）によるロスです。

非常に悲しい話ですが、スタッフのモラルが低下すると社内盗難まで発生します。

### (2) 廃棄ロス

商品自体は残っているものの売り物にならないため、廃棄処分することで発生するロスです。

#### ① 破損によるロス

商品を乱暴に扱かったり、保管状況が悪いことにより発生します。また「先入れ先出し（先に納品した商品を前面に展開して、仕入れた順に売っていく在庫管理方法）」が徹底できていないお店では、倉庫や商品棚の奥のほうでこのロスが発生しやすくなります。

#### ② 賞味期限・消費期限切れによるロス

食料品などを扱うお店では、一番大きなロスです。売上予測の見誤りが主な原因ですが、①と同様に、先入れ先出しが徹底できていないことも大きな原因のひとつです。

#### ③ 商品の陳腐化によるロス

後ほど触れますが、表に出にくいロスです。

アパレル商品や電化製品はもちろん、どんな商品にも流行のデザインや機能の新旧があります。商品そのものの劣化はなくても、「こんなの今どき売れないよ」という状態の商品です。

（1）万引き（盗難）ロスは、あるはずの数が足りないのですから、在庫の実数を数えればすぐに「ロス」を発見できます。また、（2）廃棄ロスのうち、①破損によるロス、②賞味期限・消費期限切れによるロスは見ればわかるものがほとんどですから、故意にごまかそうとしない限りは廃棄処分することで「ロス」が数字として表れます。

しかし③商品の陳腐化によるロスについては、基準が明確ではないので、お店の判断で廃棄処分をするのは難しい面があります。そのため、陳腐化しても廃棄処分しないまま在庫として抱えているケースが多くなります。

つまり「数字」にほとんど表れない「隠れロス」となってしまうのです。一世を風靡した有名店の倒産理由を後から調べてみると、大量の「隠れロス」が経営を圧迫していたケースがたくさんあります。

いずれにしても、商品の保管期間が長ければ長いほど劣化する危険性が増え、在庫が多くなればなるほど必要な商品の所在がわからずに、再発注をしてさらに過剰在庫を増やしてしまう可能性があります。その反対に、品切れに気付かず販売チャンスを逃すなど、在庫管理ができていないお店は無駄が多く、なかなかもうけを出すことができません。

隠れロスは表に出たときがこわいんだ

## ❷過剰在庫が商品ロスを生む

　前ページで触れた「隠れロス」に関連して、過剰仕入（必要量以上の仕入）と売上原価の関係を説明しておきましょう。

　この過剰仕入は、気付かぬうちに経営を圧迫することもある、とても厄介なものなのです。これはなぜかというと、過剰仕入をしても直接的に売上原価が増えることはないので、粗利益にも粗利益率にも直接的には影響せず、それだけ表面化しにくい

---

### 過剰在庫と売上原価の関係

過剰在庫が「在庫」として残っているときは売上原価は変わらないが、廃棄処理したときに売上原価が増えてしまう。

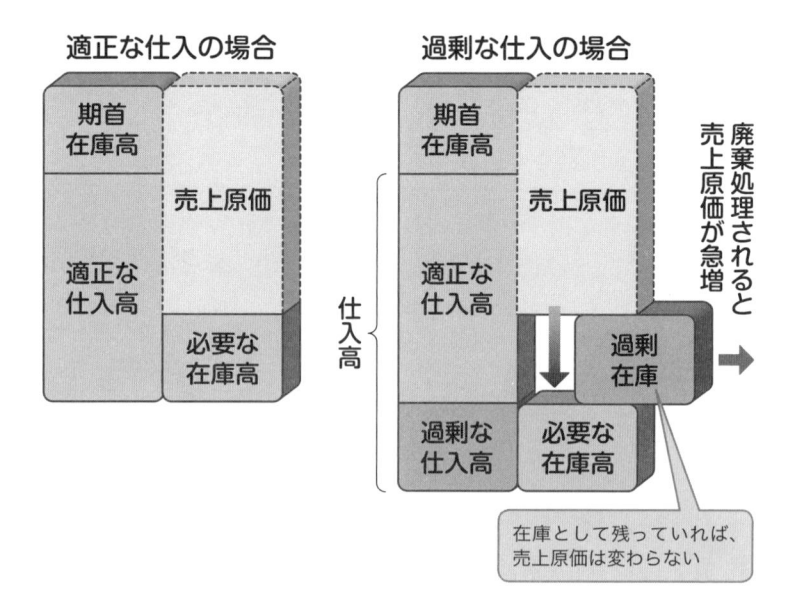

**適正な仕入の場合**

| 期首在庫高 | 売上原価 |
| --- | --- |
| 適正な仕入高 | 必要な在庫高 |

**過剰な仕入の場合**

| 期首在庫高 | 売上原価 |
| --- | --- |
| 適正な仕入高 | |
| 過剰な仕入高 | 必要な在庫高 → 過剰在庫 |

廃棄処理されると売上原価が急増

在庫として残っていれば、売上原価は変わらない

からです。前ページの図を見てみましょう。

　生鮮食料品以外では、過剰仕入をすれば、その分だけ売れ残った在庫（過剰在庫）が増えているはずなので、仕入高は増えても売上原価は増えません。

　しかし仕入代金の支払いは「売上原価」分ではなく実際の「仕入高」分ですので、資金繰りに大きな影響を与えることになります。

　最もこわいのはここからです。過剰在庫でも、在庫があるうちはまだ大丈夫です。問題は「隠れロス」が表に出た瞬間です。つまり「在庫」だと思っていたのに、いつの間にか売り物にならなくなっていた商品を廃棄処理したときです。この瞬間に売上原価は急激に増え、粗利益が大きく減少します。

　このような隠れロスの問題だけでなく、在庫が増えれば保管状態の維持や先入れ先出しの徹底がやりにくくなり、「商品ロス」の発生確率が高くなります。

　適正在庫を維持することは、粗利益を確保するうえでとても大切なことです。

### 覚えておきたい！
### 盗難ロスとスタッフのモチベーション

　スタッフの目配りや、挨拶、お声がけがしっかりできているお店では、万引き（盗難）は減っていきます。逆にお客様への目配りができていないと万引きは増えてしまいます。ある意味で万引き（盗難）ロスの数字は、スタッフのモチベーションともかなりの相関関係があるといえます。この話は第5章で詳しく紹介します。

## Chapter 4-3 「本当に必要な在庫」で効率的にもうけよう

　「商品ロス」の発生率を低く抑えるためには、在庫はできるだけ少ないほうがよいといえます。しかし、在庫を減らしすぎて陳列棚がスカスカでは、見映えも悪く売上に影響しますし、欠品によって販売チャンスを逃す可能性もあります。

　また商品の発注と、品出し・陳列の作業回数が増えて、作業効率が悪くなってもいけません。

　そこで、お店に必要な在庫を示す「適正在庫」という考え方が必要になります。残念ながらズバリの適正在庫量を計算することはできませんが、「商品回転率」と「交差比率」という2つの数字で管理すれば、ある程度「適正在庫」が見えてきます。

### 在庫が効率的に売上に結びついているか

　まずは「商品回転率」について説明しましょう。

　商品回転率とは、1年間にどのくらいの商品が入れ替わっているかを表す数字で、以下の計算式で求められます。

> **これは重要！ 計算式**
>
> 商品回転率（回）＝ 年間売上高 ÷ 平均在庫高

　商品回転率の単位は「回（転）」で表します。この回転率の

数字が高ければ高いほど、在庫が効率的に売上につながっているといえます。

同じような意味をもつ数値に、「在庫日数」があります。これは、お店で抱えている在庫が何日分の売上に相当するかを表す数字です。別のいい方をすれば、「もし仕入をしなければ、何日で今ある在庫を売り切れるか」を表す数字です。

> **これは重要！ 計算式**
>
> **在庫日数 ＝ 平均在庫高 ÷ 1日当たり売上高**
>
> ちなみに、1日当たり売上高は、以下の計算式で求められます。
>
> **1日当たり売上高 ＝ 年間売上高 ÷ 365日**

例えば、在庫が50万円のお店で、年間売上高が600万円だとすると、以下の計算により、商品回転率は12回転になります。

600万円（年間売上高）÷50万円（平均在庫高）
＝12回転（商品回転率）

さらに在庫日数は以下の計算式で求められます。

50万円（平均在庫高）÷（600万円÷365日）
＝30日（在庫日数）

もしも40万円の在庫で、同じ600万円の年間売上高をつくることができるとすると、商品回転率と在庫日数は以下の計算から求められます。

600万円（年間売上高）÷40万円（平均在庫高）
＝15回転（商品回転率）

40万円（平均在庫高）÷（600万円÷365日）
＝24日（在庫日数）

　40万円の商品を1年間に15回繰り返して販売した結果として、年間売上高が600万円になりました。これを資金（元手）の視点から見れば、40万円の資金（元手）で600万円を生み出したことになります。
　つまり回転数の多いほうが、少ない資金で商売ができるといえます。また、在庫日数の短いほうがお店で保管している期間が短いため、「商品ロス」が発生するリスクは小さくなります。

### 商品回転率から適正在庫を考える

商品回転率は、1年間にどのくらいの商品が入れ替わっているか、在庫日数はお店で抱えている在庫が何日分の売上に相当するかを表す数字。

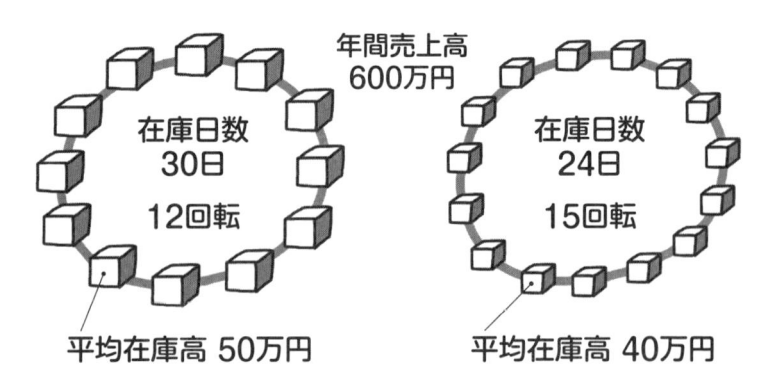

年間売上高 600万円

在庫日数 30日
12回転
平均在庫高 50万円

在庫日数 24日
15回転
平均在庫高 40万円

## 🡢 平均在庫高をつかむ方法

「商品回転率」や「在庫日数」を計算するには、「平均在庫高」を求める必要があります。

在庫高は日々変化していますので、毎日棚卸をすれば正確な平均値を算出することができますが、それは大変な作業量になってしまいます。そこで、次の①～③の方法で「平均在庫高」を計算するのが、一般的な方法です。

### ①（期首在庫高＋期末在庫高）÷2

一番計算が簡単な方法です。期間を通じて在庫に大きな増減がなければ、この方法で問題ありません。しかし期末時期だけ帳尻を合わせて在庫を絞り込んでおけば、平均在庫の値は小さくなりますので、実態と違っている可能性があります。

見かけ上の回転率を低くすることではなく、実態を知ることが目的ですから、そういう観点ではこの方法は少し問題があります。

### ② 毎月末の在庫高の平均値（1年分を合計して平均）

毎月末の在庫高を把握して平均値を計算します。比較的正確で、実務で使いやすい方法です。

### ③ 毎週末の在庫高の平均値（1年分を合計して平均）

毎週末に在庫高を把握して平均値を計算します。より実態に近い正確な数字になります。

しかし、毎週棚卸作業をするとなると大変です。

## 平均在庫高を求める3つの方法

①から③にいくほど実態に近い数字をつかめるが、その分手間もかかるようになる。

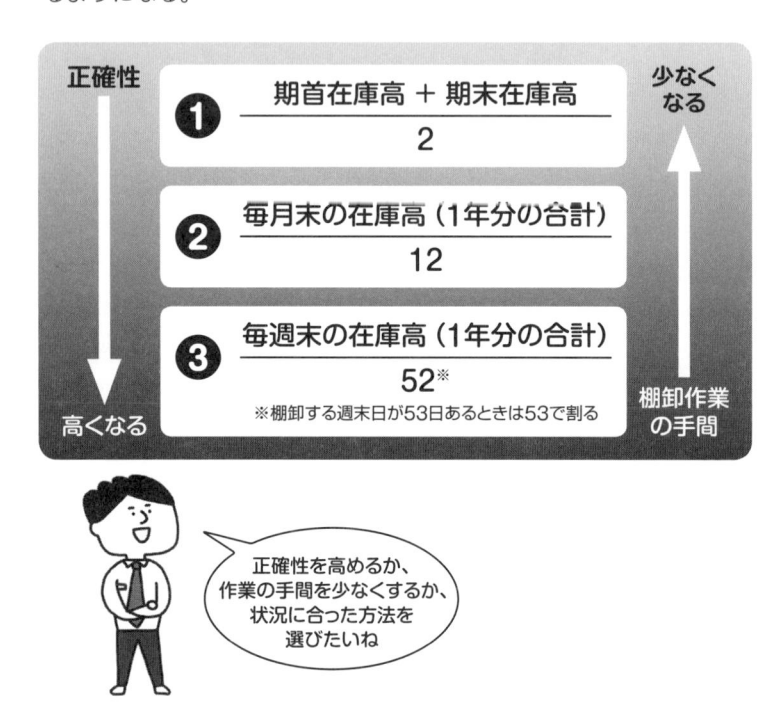

正確性 ↓ 高くなる

❶ $\dfrac{期首在庫高 + 期末在庫高}{2}$

❷ $\dfrac{毎月末の在庫高（1年分の合計）}{12}$

❸ $\dfrac{毎週末の在庫高（1年分の合計）}{52※}$
※棚卸する週末日が53日あるときは53で割る

少なくなる ↑ 棚卸作業の手間

> 正確性を高めるか、作業の手間を少なくするか、状況に合った方法を選びたいね

　より正確な方法は③の毎週末に在庫高を把握する方法ですが、在庫変動が大きいか小さいか、棚卸作業がほかの仕事の支障にならないかを考えて、最適な方法で平均在庫高を計算しましょう。

　正確な平均在庫高を求められれば、お店にとってよりロスの少ない適正在庫量が見えてきます。

# Chapter 4
## 粗利益につながる効率のよい在庫とは?

　どんなに粗利益率が高い商品が在庫にあっても、それが売れなければ「粗利益」は生まれません。よって、商品回転率が低い商品は、効率のよい在庫とはいえません。

　また、少ない在庫でよく売れる（回転数が高い）商品であっても、1回転するたびに生み出す「粗利益」が低い商品は、これも効率のよい商品とはいえません。利益貢献度が低い商品ということになります。

### 少ない在庫でたくさんもうかる商品が理想

　効率のよい商品とは、少ない在庫でたくさん売れて、しかも売れたときのもうけ（粗利益率）が大きい商品のことです。つまり、粗利益率と商品回転率（どれだけ回転するか）を掛け算し、この数字が大きいほど、効率的にもうかる商品といえます。

　この「粗利益率」と「商品回転率」を掛け算した数字を「交差比率」と呼びます（「交叉（主義）比率」と表記する場合もあります）。

　一般的に、宝石のような粗利益率が高い（もうかる）商品はそれほど頻繁に売れるわけではないので、商品回転率は低くなる傾向にあります。反対に、トイレットペーパーなどの日用消耗品は粗利益率が低いですが、頻繁に売れるため、商品回転率は高くなる傾向にあります。

粗利益率が高いと商品回転率が低く、粗利益率が低いと商品回転率は高いというように、「粗利益率」と「商品回転率」は逆の動きをする傾向があります。

## 🔳 交差比率で効率を求める

　112ページで説明した「商品回転率」は、商品在庫と売上の関係（商品在庫がどれだけ売上につながっているか）を表す数値でしたが、「交差比率」は商品在庫と粗利益の関係（商品在庫がどれだけ粗利益につながっているか）を表す数値です。

### 粗利益率と商品回転率の関係

「効率のよい商品」は、粗利益率も商品回転率も高い商品だ。しかし、そんな商品は少ないのが現実。

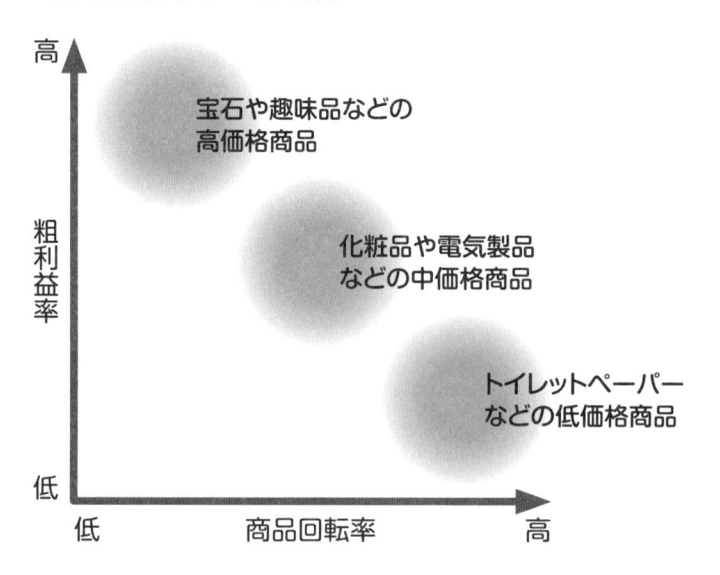

（縦軸：粗利益率　高―低）
（横軸：商品回転率　低―高）

- 宝石や趣味品などの高価格商品
- 化粧品や電気製品などの中価格商品
- トイレットペーパーなどの低価格商品

交差比率は以下の計算式で求められます。

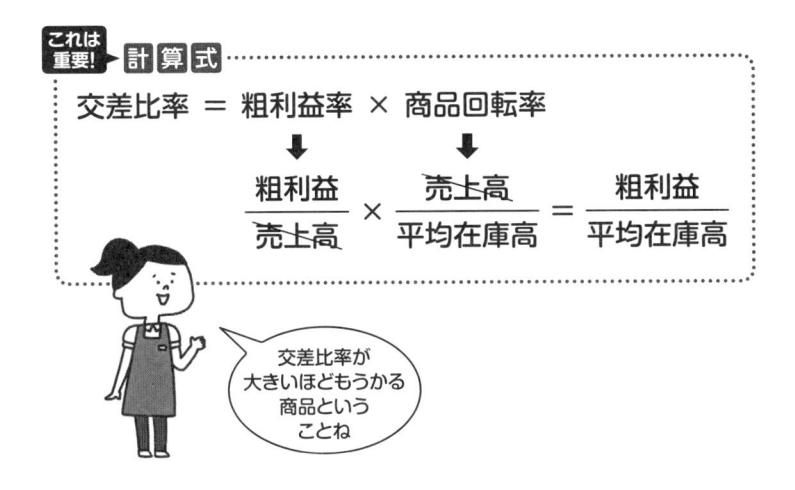

> **これは重要!** 計算式
>
> 交差比率 ＝ 粗利益率 × 商品回転率
>
> $$\frac{粗利益}{売上高} \times \frac{売上高}{平均在庫高} = \frac{粗利益}{平均在庫高}$$

交差比率が大きいほどもうかる商品ということね

例えば、平均在庫高50万円、年間売上高200万円、年間粗利益100万円のお店があったとします。

その場合の交差比率は以下のように計算します。

$$\frac{100万円（粗利益）}{200万円（売上高）} \times \frac{200万円（売上高）}{50万円（平均在庫高）} = \frac{粗利益}{平均在庫高}$$

↓ ↓ ↓
50%（粗利益率） × 4回（商品回転率） ＝ 200%（交差比率）

　粗利益率と商品回転率、それぞれの数値が大きいほど交差比率の値も大きくなります。したがって交差比率の値が大きい商品在庫ほど、粗利益アップにつながるのです。

# Chapter 4
## 5 ロスのない商品の発注方法とは

　スーパーマーケットのように必要な商品をこまめに発注することができれば問題はないのですが、アパレルなどの季節商品のように、そのシーズン前に見込みで発注しなければならない場合には、「仕入枠（予算）」という考え方を使います。

　また、ボリュームディスカウント（大量に一括仕入することにより仕入価格を下げられる）の仕入のときにも「仕入枠」を使い、予算の範囲内で発注します。

### ❷ いくらまで仕入れても大丈夫か（仕入枠を決める）

　仕入枠とは、「いくらまで仕入れても大丈夫か」を表す数字の上限を、売価で表します。仕入枠は、売上予算と在庫高の大小によって決めていきます。計算式は以下のようになります。

> **これは重要！ 計算式**
>
> 仕入枠 ＝ 売上予算 ＋ 期首在庫高（計画） －
> 　　　　期末在庫高

　この式はすべて売価計算で行ないます。これはどういうことか、説明しておきましょう。

　仕入値500円、売価1,000円の商品を売っているお店で、売

上予算が10万円、期首在庫高が1万円、期末在庫高が1万円とします。

　　仕入枠＝10万円（売上予算）＋1万円（期首在庫高）
　　　　　－1万円（期末在庫高）
　　　　＝10万円

　よって仕入枠は10万円となります。仕入値は500円ですから、仕入枠が10万円だとすると、「10万円÷500円」という式から、200個仕入れることができる、ということになりますか？　そんなバカな……ですよね。
　10万円の売上高のためには、「10万円÷1,000円（売価）」で、100個あればよいはずです。
　つまり、仕入枠とは、「商品10万円を仕入れてもよい」ではなく「売価で10万円相当の商品を仕入れてもよい」ということなのです。これが「売価で計算する」ということです。

　売上の多い月（繁忙期）は在庫をたくさんもつ必要があり、売上が少ない月は、在庫を抑えておく必要があります。
　この方法でおおよその仕入枠を設定し、その枠内で発注すれば、適正在庫を維持しやすくなります。大体の仕入枠をつかんでおくと資金繰り計画も組みやすくなるので、しっかりとらえておきましょう。

## 定量発注方式と定期発注方式

　発注方式には大きく2つのやり方があります。①定量発注方式と②定期発注方式です。

①定量発注方式は、定番商品に適した発注方式です。あらかじめ商品ごとに、在庫が何個になったら発注するかを決めておきます。この数量を発注点といいます。

発注点は、以下の計算式で求められます。

> **これは重要!** 計算式
>
> 発注点 ＝ 最小在庫量 ＋ 調達期間（リードタイム）
> 　　　　× 1日平均の予測販売量 － 未入荷数量

最小在庫数量とは、最低これだけはお店になければならない数量のことです。安全在庫量ともいいます。

調達期間（リードタイム）とは、発注してから実際に商品が入荷するまでの日数のことです。例えば、発注日の翌々日に入

---

### 発注点の考え方

発注点とは、商品ごとにあらかじめ在庫が何個になったら発注するか決めておく、そのラインのこと。

発注点 ＝ 最小在庫量 ＋ 調達期間（リードタイム）× 1日平均の予測販売量 － 未入荷数量

荷するのであれば2日となります。
　例を挙げて発注点を計算してみましょう。

　陳列棚に10個は並べておきたい商品（最小在庫量＝10個）
　発注から納品まで2日間（調達期間＝2日間）
　1日平均の販売数量が5個（1日平均の予測販売量＝5個）
　未入荷数量がない（未入荷数量＝0個）

以上の条件だと、発注点は以下の計算式で求められます。

発注点 ＝ 最小在庫量 10個 ＋ 調達期間 2日 × 1日平均の予測販売量 5個 ＝ 20個

つまり在庫20個が発注点となります。
　①の定量発注方式は、発注点と適正在庫量を決めて棚に書いておけば、細かな判断が必要ないので、経験の浅いスタッフでも簡単に発注ができるようになります。
　しかし、ある程度安定した売上が確保できる商品には適していますが、売上が急激に変化したときには、過剰在庫になったり、欠品したりする危険性があります。

　一方、②定期発注方式は、「毎週月曜日」「毎月10日／20日／30日」のように、前もって発注日を決めておき、定期的に発注する方法です。前述した①定量発注方式と異なり、発注量は決めていないので少し経験が必要な発注方式ですが、売れ行き予測に応じて、発注量を自由に調整できるのがメリットです。

## 定量発注方式と定期発注方式

発注方式は大きく2つのやり方に分けられる。定番商品の発注に適した①と、売れ行き予測に自由に対応できる②の方式だ。

### ①定量発注方式

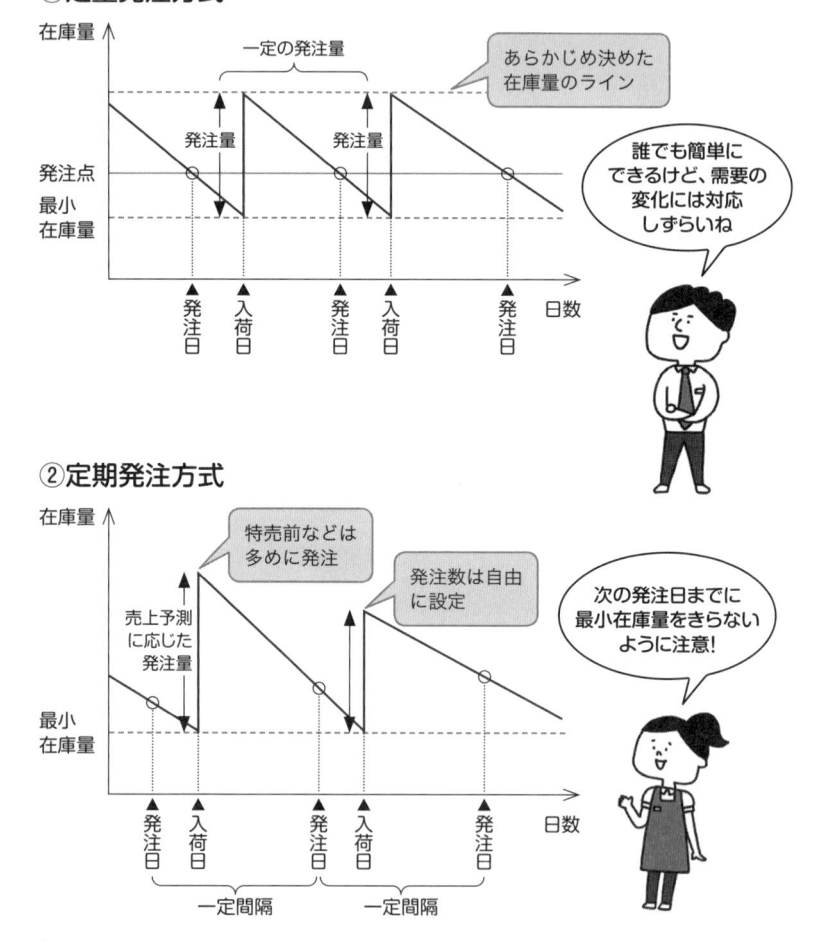

- 在庫量
- 一定の発注量
- あらかじめ決めた在庫量のライン
- 発注量
- 発注点
- 最小在庫量
- 発注日
- 入荷日
- 日数

誰でも簡単にできるけど、需要の変化には対応しずらいね

### ②定期発注方式

- 在庫量
- 特売前などは多めに発注
- 発注数は自由に設定
- 売上予測に応じた発注量
- 最小在庫量
- 発注日
- 入荷日
- 一定間隔
- 日数

次の発注日までに最小在庫量をきらないように注意!

# 第5章

# 経費をコントロールして営業利益を増やす

ここでは、最後のSTEP4、
「経費をコントロールして営業利益を増やす」
方法を紹介します。
経費が効率的に使われているかどうかを
確認するための数字の見方や、
経費に見合う売上の求め方など、
営業利益に関わる数字を解説します。

# Chapter 5
## 1 お店の維持にかかるお金

　繰り返しになりますが、お店が永続的に繁盛していくためには、営業利益をしっかり確保する必要があります。

　営業利益は、粗利益から経費を引いて算出します。家賃や水道光熱費、人件費、消耗品費、広告宣伝費、減価償却費などお店を運営するための経費です。これらを厳密には販管費（販売費及び一般管理費）と呼びますが、本章ではわかりやすくするために、適宜、「経費」という言葉を使って説明していきます。

### 粗利益から引かれる販管費

売上高から売上原価と販管費（経費）を引いて残ったものが営業利益になる。

（図：売上高 ＝ 売上原価 ＋ 粗利益、粗利益 ＝ 販管費（経費）＋ 営業利益。本章ではここに注目！）

主な経費には以下の種類があります。

## お店を維持するために必要な、主な経費

| 科目 | 主な内容 |
|---|---|
| 役員報酬 | 役員の定期的な給料 |
| 給与手当 | 従業員の給料 |
| 雑給 | パートやアルバイトなどの給料 |
| 福利厚生費 | 制服代、食事代補助など仕事環境に関連する費用 |
| 法定福利費 | 社会保険料など法律で定められた費用 |
| 広告宣伝費 | 商品の広告のための費用 |
| 交際費 | 接待費、贈答品などの費用 |
| 旅費交通費 | 役員、従業員の出張や通勤のための費用 |
| 消耗品費 | 事務所、工場などの備品・消耗品の費用 |
| 水道光熱費 | 電気料金、水道料金など |
| 修繕費 | 建物や機械などの維持管理費 |
| 支払保険料 | 火災保険、自動車保険などの費用 |
| 賃借料 | 地代、家賃、リース料など |
| 減価償却費 | 土地を除く固定資産を費用化するもの（146ページ参照） |

売上高の変動に合わせて変わる費用を「変動費」と呼ぶよ

## 2 変動費と固定費に分けて考える

お店を維持するために必要な経費を「変動費」と「固定費」に分けて、考えてみましょう。

「変動費」とは、売上が変動すれば、ほぼ自動的に一定比率で変動する費用のことです。売上の変動と同様に動く費用といえ

ます。

　代表例が、「売上原価≒仕入高」です。商品構成の変更や、在庫の増減といった場合を除き、特別な意思決定をしなくても、売上が増えれば、それに応じて仕入も増えます。反対に売上が減少すれば、それに応じて仕入も減ります。このように、ふだん通りに営業していれば売上の変動に合わせて変化する費用を、「変動費」といいます。

　一方、「固定費」とは、変動費以外の費用すべてを指します。家賃・水道光熱費・人件費などが挙げられます。
　家賃は売上の増減とは関係なく一定額ですので、典型的な固定費です（例外的に、ショッピングセンターなどに出店していて、家賃は売上の何％という契約になっている場合は変動費とします）。
　水道光熱費や人件費は、厳密にいえば売上の増減に伴って多少は増減することもありますが、比例して変動するわけではないので、一般的に固定費としています。

　変動費か固定費か、ちょっと迷うのが「広告宣伝費」です。これも一部分は変動費的な性格をもっていますが、例えば「折込チラシを撒く」「ホームページをつくる」などは、一度やると決めたら、結果的に売れても売れなくても費用は一定です。そのため、「広告宣伝費」も一般的には固定費としています。
　なお、固定費のうちでも、例外として変動的になる費用もあります。

**【固定費のうち、例外的に変動的になる費用】**
・変動家賃(売上高の○%で決まるもの)
・FC手数料(ロイヤリティ)
・歩合給(売上高の○%で決めた歩合給)

　上記のような例外もありますが、おおよそ以下のように考えておけば問題はないでしょう。

> **【変動費と固定費の考え方】**
> 　変動費=売上原価(商品の仕入など)
> 　固定費=販管費(販売費及び一般管理費)
> ※一部、包装費などは変動費になるものもあります。

> 売上原価、販管費をまとめて「費用」と呼ぶことも多いよ

## コントロールできる経費に着目する

　営業利益を確保するために、よく行なわれるのは「経費」の削減です。

　もちろん無駄な経費をなくしていくことは大切ですが、経費のなかには、お店ではコントロール(削減)できないものがたくさんあります。

　例えば、家賃は変えることができません。また、水道光熱費も、お客様に快適な環境、温度、適度な照度(明るさ)を提供

することや、商品の保全を考えれば、そうそう削減できません。社員の給料にしても、人数を減らすか月々の給料額を減らさない限りは削減できません。

　このように、コントロールすることが不可能なコストを「統制不能コスト」といいます。

　削れないコストである以上、これを管理してもあまり意味がありません。そこで、この「統制不能コスト」の数字をつかんで、そのコストに見合う売上高・粗利益をつくり出すという意識が必要になります。

　このとき、必要になるのが損益分岐点発想です。
　損益分岐点とは、利益が確保できるギリギリのラインのことです。
　損益分岐点発想とは、このラインをしっかりと数字で押さえたうえで、そこから逆算して「利益を確保するためにはいくらの売上が必要なのか？」を常に頭に置き、お店の運営を考えていくということです。
　損益分岐点をしっかり理解できれば、利益を確保するために必要な売上がわかるだけでなく、使える経費の金額がつかめるなどのメリットもあります。

Chapter 5
## 2 経費に見合う売上はいくら?

　損益分岐点とは、利益が確保できるかできないかの境目のことで、それを金額で表した数字を「損益分岐点売上」と呼びます。

### ◪損をしないギリギリのラインは

　まず、自店の損益分岐点を押さえておきましょう。

　損益分岐点売上とは、赤字（損益）になるか、黒字（利益）になるかの境目の売上高のことです。英語のBreak Even Pointの頭文字を取って、略してBEP呼ぶことも多いです。

　次ページの図を見てください。このケースでは、固定費＋変動費の総費用線は、損益分岐点を超えるまで、売上高線よりも大きな値を示しています。これは損失（赤字）が出ている状態です。

　しかし、損益分岐点を境に、総費用線よりも売上高線が大きな値になりますので、利益（黒字）が出ることになります。

【売上高と固定費・変動費の関係】
　売上高＜固定費＋変動費（総費用線）　損失（赤字）
　売上高＞固定費＋変動費（総費用線）　利益（黒字）

## 損益分岐点のイメージ

損益分岐点を基準にすれば、もうかっているか、もうかっていないかがつかめるようになる。

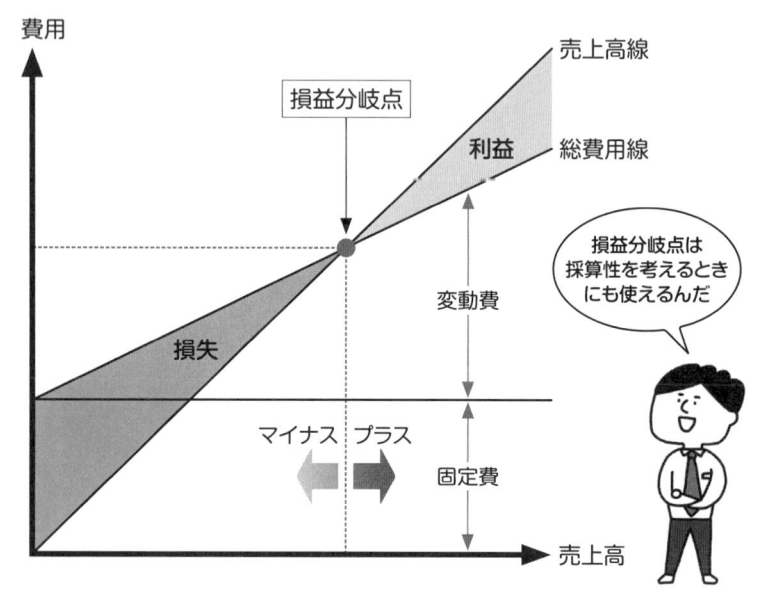

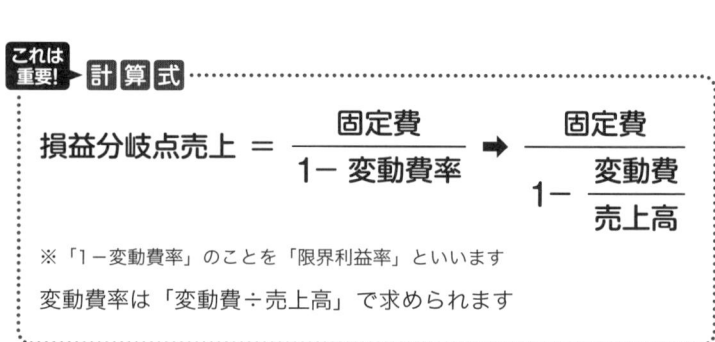

（費用／売上高グラフ：売上高線、総費用線、損益分岐点、利益、損失、変動費、固定費、マイナス／プラス）

損益分岐点は採算性を考えるときにも使えるんだ

### これは重要！ 計算式

$$損益分岐点売上 = \frac{固定費}{1-変動費率} \rightarrow \frac{固定費}{1-\dfrac{変動費}{売上高}}$$

※「1－変動費率」のことを「限界利益率」といいます

変動費率は「変動費÷売上高」で求められます

あまり聞きなれない言葉が多くてわかりにくいですね。

そこで、前項で説明した通り、変動費＝売上原価、固定費＝販管費（販売費及び一般管理費）として考えれば、簡易式になります。

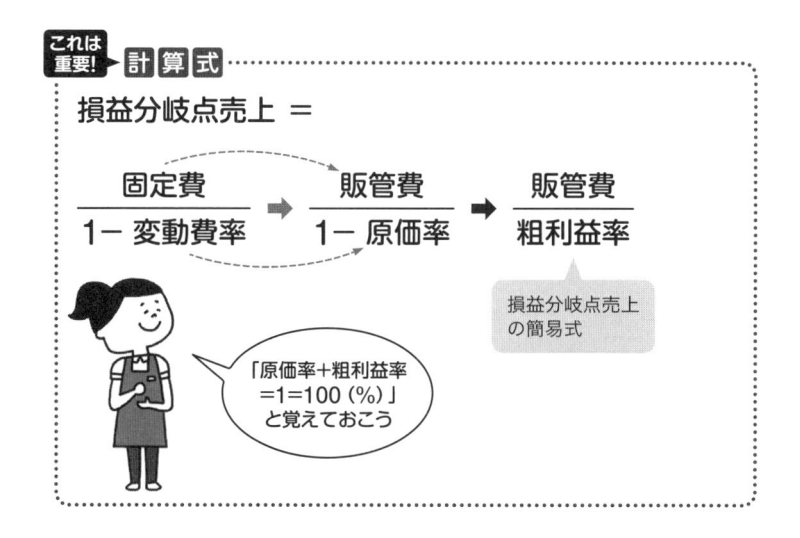

**これは重要！ 計算式**

損益分岐点売上 ＝

$$\frac{固定費}{1-変動費率} \Rightarrow \frac{販管費}{1-原価率} \Rightarrow \frac{販管費}{粗利益率}$$

損益分岐点売上の簡易式

「原価率＋粗利益率＝1＝100（％）」と覚えておこう

では簡単な問題を使って確認してみましょう。

あるお店では販管費が100万円、粗利益率が25％だとします。

その場合は、以下の計算式によって400万円が損益分岐点売上ということになります。

損益分岐点売上＝100万円（販管費）÷25％（粗利益率）
➡ 100万円÷0.25＝400万円

逆算して、確認してみましょう。売上高が400万円、粗利益率が25％ですから、計算式は次ページのようになりますね。

400万円（売上高）×25％（粗利益率）＝100万円（粗利益）
100万円（粗利益）－100万円（販管費）＝0円（営業利益）

## 2「目標利益達成点売上」を意識してみよう

損益分岐点売上とは、損をしない（赤字にならない）ために必要なギリギリの売上高です。しかし、赤字にならなければそれでよいわけではありません。お店は、あくまでも目標とする営業利益を確保しなければなりません。

### 目標利益達成点のイメージ

もうけが出せるか出せないかを表した損益分岐点に対して、目標利益達成点は目標利益を達成できるかできないかを表す。

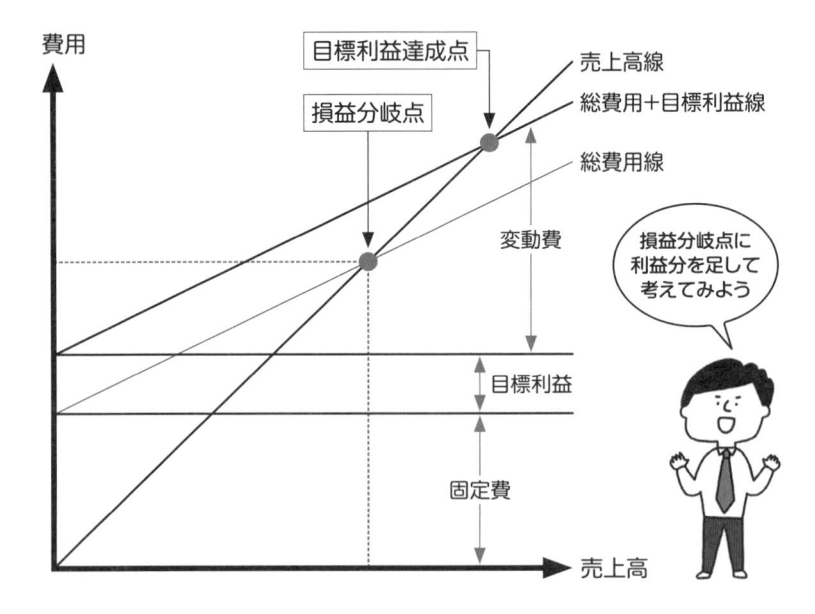

損益分岐点に利益分を足して考えてみよう

そこで、目標とする営業利益を得るためには、いくらの売上高が必要か逆算しておきましょう。その売上高の数字を「目標利益達成点売上」といいます。

計算式は、先ほどの損益分岐点の計算に使った式に、利益分を足すだけです。

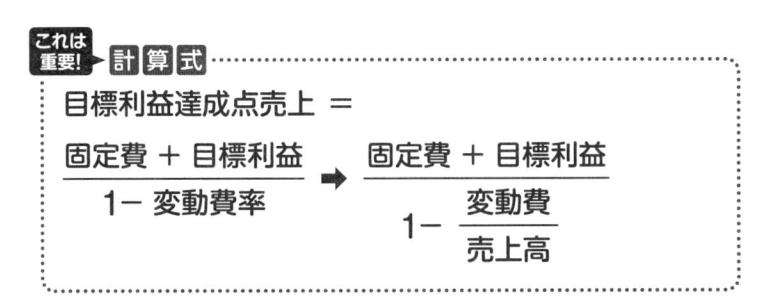

**これは重要!** ▶ 計算式

$$ 目標利益達成点売上 = \frac{固定費 + 目標利益}{1 - 変動費率} \Rightarrow \frac{固定費 + 目標利益}{1 - \frac{変動費}{売上高}} $$

この式も損益分岐点を求めるときに使った簡易式を使って、以下のように表すことができます。

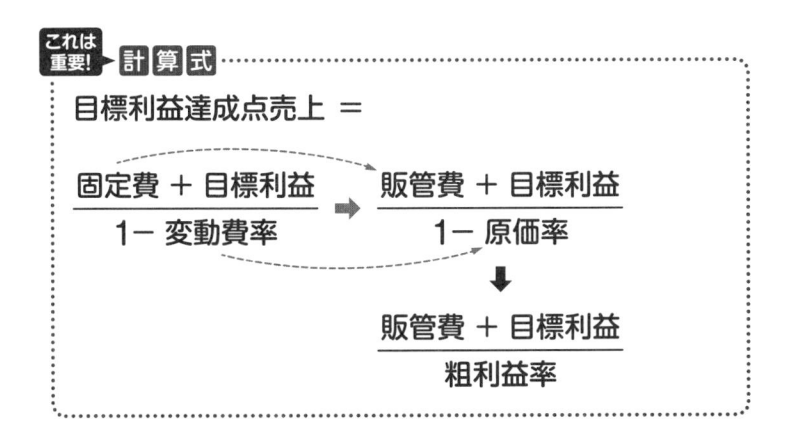

**これは重要!** ▶ 計算式

$$ 目標利益達成点売上 = $$

$$ \frac{固定費 + 目標利益}{1 - 変動費率} \Rightarrow \frac{販管費 + 目標利益}{1 - 原価率} $$

$$ \downarrow $$

$$ \frac{販管費 + 目標利益}{粗利益率} $$

## 2 使ってもよい費用の上限（許容費用）を考える

　損益分岐点の考え方は、採算性を考えるときにも有効です。

　イベントや販促を行なえば少しは売上増加につながるはずですが、使った費用に見合う売上がなければ、結果的に損をしてしまいます。

　そこで「費用対効果」を「経費に見合う売上目標はいくらか」と「売上目標から逆算して、いくらまで費用を使ってもよいか」という2つの視点で検証しておく必要があります。

　この使ってもよい費用の上限を「許容費用」といいます。


　例えば、経費が10万円の販促イベントを企画したとします。平均粗利益率が25％だとしたら、先ほどの損益分岐点売上の計算式から、売上目標は40万円になります。

　10万円（固定費）÷25％（粗利率）
　＝40万円（売上目標）


　つまりこのイベント単体で考えれば、最低でも売上目標40万円以上でなければ採算が取れないことになります。


　逆に、40万円以上の売上高が見込めるなら、以下の計算式から10万円が許容費用ということになります。

　40万円（見込売上）×25％（粗利益率）
　＝10万円（許容費用）

# Chapter 5-3 人件費をコントロールして利益を増やす

　経費のなかで、重要なウェイトを占めるのが「人件費」です。
　家賃や設備費は、出店時などの初期段階で決まっているので、変えられないケースも多いです。しかし人件費はお店の忙しさに応じた勤務シフトの工夫、業務の効率化、スタッフ個々の能力を向上させることなどにより、ある程度コントロールできます。実際に多店舗展開をしているところでは、店長の交代によって、人件費効率がよくなったり悪くなったりすることがよくあるのです。
　そういう意味で、人件費のコントロールは「ここぞ店長の腕の見せ所！」といえる指標です。

## 収益性を考えるための「原価」＋「人件費」

　小売店の方にはあまり馴染みがないかもしれませんが、飲食店では、FL比率という指標を重視しています。FL比率のFは「Food（食材原価）」、Lは「Labor（人件費）」、その2つの頭文字を取っています。
　たとえ粗利益が高くても、手間をかけすぎ（人件費を使いすぎ）ると、最終的にはもうかりません。逆に粗利益がほどほどでも、あまり手間をかけず（人件費を使わず）にすめば、最終的にもうけられますね。そこで飲食店ではこの「食材原価」と「人件費」の合計であるFLコストを大切な指標としています。

これは、スーパーマーケットのお惣菜売場で考えるとわかりやすいでしょう。

　A店では、ジャガイモや挽肉などの素材を仕入れて、一からコロッケをつくって売っています。食材原価は低く抑えられますが、調理には手間がかかりますから、その分の人件費が発生します。

　B店では、フライヤーで揚げるだけの冷凍加工品を仕入れて売っています。食材原価は割高になりますが、調理の手間はほとんどないため、人件費を低く抑えられます。また、簡単な調理だけですから、経験の浅いアルバイトスタッフでもできます。

　原価は安いけれど人件費が高いA店と、原価は高いけれど人件費が低いB店。どちらが効率的か、という問題になるのです。

　長期的な戦略やお店の方向性にもよりますので、どちらが正解とはいえませんが、「原価＋人件費」の総額で収益性を考えておく必要があります。

　ですから、筆者がコンサルタントをしているクライアント先では、店長に「人件費控除後の利益＝売上高－（売上原価＋人件費）」※の目標を設定してもらい、勤務シフトの管理を行なってもらいます（※ 売上高－（売上原価＋人件費）を表す正式な会計用語はないので、「人件費控除後の利益」「人件費差引き後の利益」と表記しています）。

## 🡕スタッフが効率的に動いているかがわかる数字

　人件費が効率的かどうかをはかるための代表的な指標として使われる数字に、①売上高人件費比率　②労働分配率　③人時生

産性の3つがあります。

> 【人件費が効率的かどうかをはかる数字】
> ①売上高人件費比率
> ②労働分配率
> ③人事生産性

それでは、ひとつひとつ説明していきましょう。

### ① 売上高人件費比率

お店の売上をつくるのに、いくらの人件費が使われたかを表す指標で、一般には略して「人件費率」と呼ばれています。

この数字が少なければ少ないほど、効率的なオペレーションができていることになります。人件費率は以下の計算式で算出できます。

**これは重要!** 計算式

人件費率 ＝ 人件費 ÷ 売上高 × 100（％）

### ② 労働分配率

経営視点で考えたときに最も重要になる指標のひとつが、この労働分配率です。

①の「売上高人件費比率」は、売上を生み出すのにどのくらいの人件費を費やしたかを表す指標でした。一方、この「労働分配率」は、「粗利益を生み出すのにどれだけ人件費を費やし

たか」を表す指標です。コスト効率を見る指標といえます。

> **これは重要！ 計算式**
> 労働分配率 ＝ 人件費 ÷ 粗利益 × 100（％）

### ③ 人時生産性

「1人のスタッフが、1時間当たりにいくらの粗利益を生み出したか」を示す指標です。この額が高ければ高いほど、効率的ということになります。

> **これは重要！ 計算式**
> 人時生産性（円）＝ 粗利益 ÷ 延べ労働時間（h）

　人時生産性は、一般には「粗利益」を使って算出します。
　ただし、会社やお店によっては、計算の簡易性などを考えて、「売上高÷延べ労働時間」で計算している場合もあります。
　①の「売上高人件費比率」や②の「労働分配率」は、極端ないい方をすれば、スタッフ1人ひとりの生産性が上がっていなくても、サービス残業をさせたり、給料を下げたり、正社員から人件費の低いパートやアルバイトに変えていけば、好転させることができます。
　一方、「人時生産性」は給料の高低に関わらず、1人のスタッフが1時間でいくらの粗利益を生み出したかという指標です。つまりお店のオペレーションの効率を示す数字といえます。

## 2 使える人件費を押さえておく

確実に営業利益を確保するためには、下記の計算式のように売上予測と労働分配率から逆算して、人件費の予算枠に収まるように人員シフトを考えていくことが必要です。

> **これは重要！ 計算式**
>
> 許容人件費 ＝ 売上予測 × 粗利益率 × 労働分配率
> 　　　　　＝ 粗利益 × 労働分配率
>
> ※ 許容人件費とは、人件費として使える上限額のこと
> ※ 売上予測×粗利益率＝粗利益になる

業種・業態やお店の規模によっても違いますが、チェーン展開をしているお店では、許容人件費は30％〜40％を目安としています。仮に、売上予測が1,000万円、粗利率が28％、労働分配率を40％とすると以下の計算式になります。

1,000万円（売上予測）×28％（粗利益率）×
40％（労働分配率）
＝112万円（許容人件費）

実際の人員シフトを組むうえでは、金額（人件費）ではわかりづらいですから、延べ時間数に置き換えます。

このケースでは、人件費は112万円以内に抑える必要があります。そこで、平均時給を1,000円とするなら、延べ1,120時間（112万円÷1,000円）で勤務シフトを組もうと考えるわけ

です。このケースで、1,120時間で回せなければ、仕事のやり方を変えていくことが必要になります。

　もうかる店長のお店では、人件費を枠内に収めながら、アイドルタイム（暇な時間帯）のうちに発注や品出しを効率よく終わらせておき、忙しい時間は全スタッフが接客に専念して、販売機会ロスを防ぎます。

　また、倉庫整理が徹底され、先入れ先出しも可能になっているので「商品ロス」が少なく、粗利益をしっかり確保できます。

　ひとつひとつはわずかな差でも、積み重なってくると大きな差になるので、人件費のコンロトールには注意しましょう。

## わずかな差が人事生産性を左右する

1人のスタッフが1時間当たりにいくらの粗利益を生み出したか（人事生産性）は、以下のようにわずかな差によって変化する。

| もうかる店長 | もうからない店長 |
|---|---|
| **倉庫がきれい**<br>　先入れ先出しが徹底できている<br>　→商品ロス（小）＝粗利益（大） | **倉庫が汚い**<br>　手元にあるものから並べていく<br>　→商品ロス（大）＝粗利益（小） |
| **アイドルタイムに作業を終わらせて繁忙時間は販売に専念**<br>　→売上（大） | **アイドルタイムにダラダラして、繁忙時間にも作業が残っている**<br>　→売上（小） |
| **効率的な作業**<br>　→少人数で運営<br>　→残業時間の短縮 | **非効率な作業**<br>　→たくさんのスタッフが必要<br>　→残業時間の発生 |
| **人時生産性　向上** | **人時生産性　低下** |

# Chapter 5 給料以外にもかかる「人に関するお金」

　人件費とは給料のことですが、しっかり粗利益を計算できる店長になるために、もう少し広く人件費を考えておきましょう。

## 🔲 人件費は給料だけじゃない

　スタッフに直接支払っている給料のほかにも、正社員やそれに準ずるスタッフには、社会保険料が費用としてかかります。正式にはこれを法定福利費といいます。

　ただ、この社会保険料については計算がかなり複雑ですので、営業利益の計画を立てるときや、おおよその店舗損益を計算するときは、「保険料＝給料の15％程度」で計算しておけばよいでしょう。

　つまり正社員などの社会保険料加入スタッフで、給料が20万円の人であれば、社会保険料などを加えて、23万円（20万円×1.15）で計算しておきます。

## 🔲「スタッフの定着」と利益の関係

　人件費をさらに広くとらえて、求人広告費などの採用コストも含めて考えみましょう。

　求人雑誌やインターネットに求人広告を載せたりすると、当然のことですがコストがかかります。売上増加に伴う業務量の増加や、出店・店舗拡大に対応するための採用コストであれば

問題はありません。しかし単に辞めた人の補充採用のためのコストは、はっきりいって無駄なコストです。

「採用コスト」と「採用コスト率」の推移はしっかり押さえておいたほうがよいでしょう。

> **これは重要!** 計算式
> 採用コスト率 = 採用コスト ÷ 売上高 × 100（%）

タウン誌にスタッフ募集広告を載せるのに、1回当たり10万円かかるとします。

例えば、年間売上高6,000万円（月平均500万円）のお店で、スタッフが定着しないために、隔月（2ヶ月に一度の割合）で求人広告を出すとしましょう。

すると採用コストは年間60万円（10万円×6ヶ月）になり、採用コスト率は、1％になります。

60万円（採用コスト）÷6,000万円（売上高）×100（%）
＝1％（採用コスト率）

ちなみに、中小小売業の平均的な営業利益率は1.6％程度です。あくまでも仮の話ですが、採用コスト率1％という数字はあり得ない数字ではありません。新聞折り込みの求人広告を見ると、毎週同じ会社の求人広告が載っていたりして、他人事ながら心配してしまいます。

この採用コストと密に関連してくるのが、離職者数（辞めるスタッフの人数）と離職率です。当然、この離職率が高くなれ

ば、補充採用のためのコストは増えます。

　離職率が高くなれば採用コストが増え、営業利益に直接的な悪影響を与えるのはもちろんですが、それ以外でもスタッフの入れ替えにより、業務のバラつきや未熟なスタッフによるサービスの質の低下など、さまざまな問題を引き起こします。

> **これは重要！ 計算式**
> 離職率 ＝ 期間中の離職者数 ÷ 期首人数 × 100（％）

　スタッフの定着は、経費抑制や作業の効率化だけではなく、サービス向上、ひいては売上向上にもつながりますので、しっかりと押さえておきましょう。

**覚えておきたい！**

### 離職率はスタッフのモチベーションにも影響

　離職率の増加は、単に辞めたスタッフだけの問題ではありません。辞めずに残っているスタッフのモチベーションは、離職率とほぼ反比例すると考えていたほうがよいでしょう。
　モチベーションを数値化するのは難しいので、この離職率は参考になる数字ではないでしょうか。

# Chapter 5 つい忘れがちな費用

　経費のなかには、イニシャルコストとランニングコストという区分があります。

　イニシャルコストとは初期投資の費用のこと、ランニングコストとは運用維持に必要な費用のことです。

　例えば、精肉店で冷凍ケースを購入したとします。冷凍ケースの購入費用はイニシャルコストです。冷凍ケースの電気代はランニングコストになります。仮に、省エネ機能のついた冷凍ケースを買えば、イニシャルコストは高くなりますが、その後の電気代が安くなることもあるわけです。

　つい目の前のイニシャルコストばかりを気にしがちですが、ランニングコストを含めた総コストで考えることが大切です。

## 減価償却費を知っておこう

　ここで、「減価償却費」について簡単に説明をしておきましょう。引きつづき精肉店の冷凍ケースを例に話をします。

　例えば、120万円の新しい冷凍ケースを設置すると、ふつうはその費用は設置したときに支払います。しかし、この冷凍ケースは購入した年限りで使い終わるものではなく、数年にわたって使用します。また、120万円をまるまる設置したときの費用にしてしまうと、金額が大きいため、大きな赤字になる可能性があります。これでは本当の利益がわからなくなるので、使

用期間にわたって分割して費用として考えます。

この冷凍ケースの価格が120万円で、6年間使うとすると、毎年20万円（120万円÷6年）を減価償却費として営業利益から差し引きます。

実際に何年間使うのかはお店によって違いますし、そのときになってみないとわかりません。しかしそれでは毎年、毎月の営業利益の計算ができませんので、減価償却費を計算するときは、税法で耐用年数を決めています。先ほど例に挙げた冷凍ケースは6年と決められています。

詳しい計算は、税理士さんなどに確認していくことになりますが、その年に実際に発生した費用以外にも減価償却費がかかっているということだけは覚えておいてください。

## 減価償却の考え方

数年前に購入したものの費用が後で経費としてかかってくると覚えておこう。

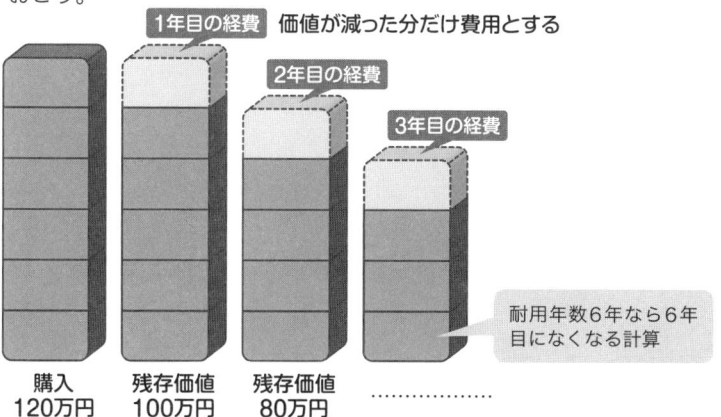

**1年目の経費** 価値が減った分だけ費用とする

**2年目の経費**

**3年目の経費**

耐用年数6年なら6年目になくなる計算

購入 120万円 ／ 残存価値 100万円 ／ 残存価値 80万円

# スタッフの意識・動きは数字に表れる

　多店舗展開をしているお店では、店長が代わっただけで「売上」や「利益」が変わることがあります。

　宝石やアパレル、化粧品などの対面販売をするお店で、接客に直接関わる店長が変わったのならば、「販売技量の差」で売上が伸びたことも考えられます。

　しかしセルフ販売で、取り扱う商品から棚割り（陳列方法）、価格設定に至るまで本部で決められているコンビニエンスストアや量販店などでも、店長が代わることで売上や利益の数字が変わることがあるのです。

　もうかる店長は、品揃えや価格設定の条件が変わらなくても、スタッフの意識や動きを改善させることで、売上や利益をアップさせています。

　142ページで紹介したように、スタッフの意識を高めて倉庫の整理整頓を徹底させただけで、売上が増えたり、利益率が向上したりすることもありますし、また逆のケースもあります。倉庫の整理整頓という例ひとつとっても、スタッフの動きや意識が変われば数字に何らかの変化を及ぼすのです。

　ひとつの原因に特定することはできませんが、数字の変化にはスタッフの意識や行動の変化があると考えておきましょう。

# 第6章

# 売上目標・売上計画を考えよう

いよいよ最後の章です。
今まで学んだ数字を活かして、
売上目標・売上計画をつくりましょう。
本章では、数値目標の立て方や、その目標を月別計画、
日別計画に分けていくコツなど、
具体的な売上計画に落とし込んでいく方法を
紹介します。

まず最初に、年間の売上目標（金額目標）を決めます。年間の売上目標は、第4章～第5章で説明したように「どのくらいの在庫（品揃え）をもつのか」や「いくらの経費を使えるのか」を検討するうえでとても大切な数字です。

　年間の売上目標を決めたら、次に月別・日別の目標を決めていきます。その際に、年間の目標を実現させるためには、「月々いくらの売上が必要か」「日々いくらの売上が必要か」という視点で考えていくことが大切です。

　また、金額の目標だけを掲げても「形式的な目標」で終わってしまいますので、具体的な商品計画（何（商品）を、いくらで（価格）、どうやって、どのくらいの量）と、販促計画（広告宣伝や催事）も決めておきます。

　1年間分の商品計画や販促計画を細かく立てるのは難しいので、まずは年間計画のなかで、「～すれば売上目標が達成できそう」というおおよそのイメージができるレベルまで決めておきましょう。そして最後に月間計画（日別計画）のなかでより細かく具体的に決めていきます。

　なお、本章の最後に年間計画と月間計画のフォーマット例も付けましたので、参考にしてください。

- ■年間の売上目標について　➡ 152ページ
- ■月別目標・月別計画について　➡ 163ページ
- ■日別目標・日別計画について　➡ 168ページ
- ■販売計画書について　➡ 172ページ

第6章 売上目標・売上計画を考えよう

# Chapter 6 過去実績から1年間の売上目標を決める

　年間売上目標のつくり方には、大きく分けて2つの方法があります。過去の実績から予測を立てる方法と、必要利益から逆算する方法です。

> 【年間売上目標のつくり方】
> 　①過去の実績から予測を立てて売上目標を設定する
> 　②必要利益から逆算して売上目標を設定する

## 過去実績からお店の実力をはかる

　まず①の過去の実績から予測を立てて売上目標を設定する方法を説明します。
「これが絶対に正しい」といい切れる年間売上目標の立て方はありませんが、最もポピュラーなのは、前年の実績をお店の実力と読み換えて、それをベースとして売上目標を作成する方法です。
　まず、前年実績に目標成長率を掛けて、概算目標を設定します。それに外的環境（お客様の動向、競合店の状況）と商品計画や販促計画など、自店での取り組みを加味して、年間売上目標を確定させます。

## 前年の実績から年間売上目標を立てる方法

前年の実績に目標成長率を掛けて設定した概算目標に、外的環境や自店での取り組みを加味して、年間の売上目標を確定する。

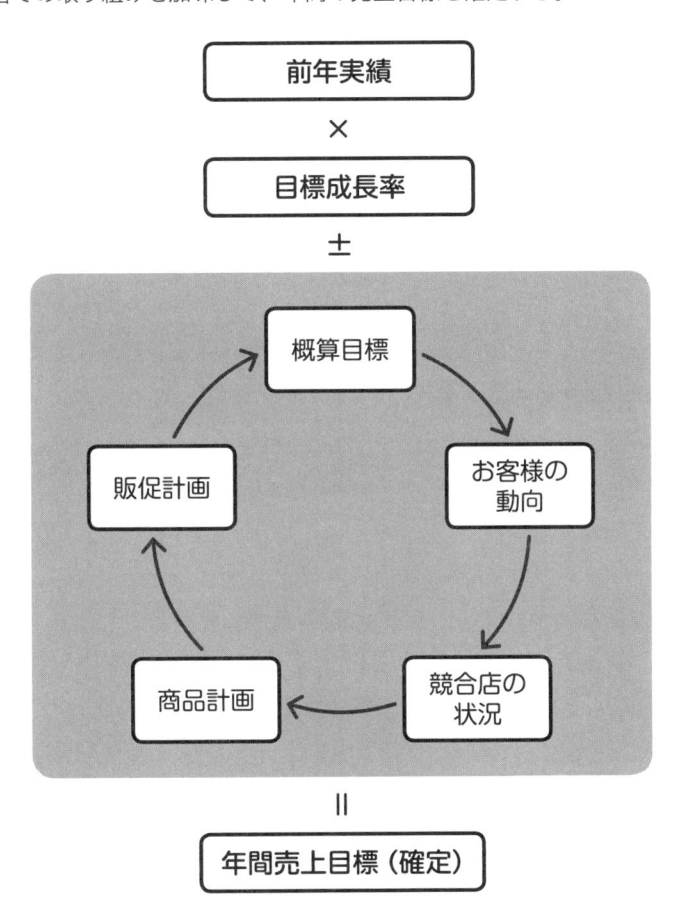

前年実績
×
目標成長率
±

概算目標 → お客様の動向 → 競合店の状況 → 商品計画 → 販促計画 → 概算目標

＝
年間売上目標（確定）

> **これは重要!** ▶ 計 算 式
>
> ## 年間売上目標 ＝ 前年実績 × 目標成長率※ ± $\alpha$
>
> ※ 正確にいえば「目標前年対比（前年対比＝100％＋成長率）」となります。一般的に「成長率」を同意語として使うことも多いので、「目標成長率」と表記しました。

　計算式で表すと上記のようになります。
　前年の売上実績3,000万円の化粧品店を例に説明します。
　目標成長率（対前年比）を110％に設定すると、今年の売上目標は以下の計算式から、3,300万円と求められます。

　3,000万円（前年実績）×110％（目標成長率）
　＝3,300万円

　成長率10％が高いか低いかという議論は別にして、「前年実績3,000万円」と「今年目標3,300万円」という2つの数字だけを見れば、「まあまあ妥当」と感じる人が多いのではないでしょうか。
　しかし次ページに載せた表のように、前年の売上実績は3,000万円だったものの、2年前は3,400万円だったとします。そこで「前々年実績3,400万円」と「今年目標3,300万円」の2つの数字を並べてみると、「本当にこの目標でいいのか」と疑問を感じる人も多いのではないでしょうか。「今年目標3,300万円」が「妥当」と考えられるかどうかは、前年の実績がたまたま運悪く売上が悪かっただけなのか、それとも長期的傾向として売上が落ちているのかによって変わってきます。

第6章 ■ 売上目標・売上計画を考えよう

> ## 前年実績だけでは「お店の実力」ははかりにくい

目標設定が妥当かどうかは、前年の実績と比べるだけでは判断しずらい。

| 年度 | 売上実績（万円） |
|---|---|
| 3年前　2010年 | 2,900 |
| 2年前　2011年 | 3,400 |
| 前年　2012年 | 3,000 |

3年間の平均
3,100万円

| 年度 | 売上目標 |
|---|---|
| 今年　2013年 | ？ |

## 移動平均法でお店の実力をはかる

　この「年間売上目標＝前年実績×目標成長率±α」の計算式は前年実績を「お店の現在の実力」とみなして売上目標を考える方式です。

　ですからこの前年実績が、「たまたまヒット商品に当たった」「気候に恵まれた」あるいは逆に「極端な不振」などで異常値になっていると、そもそも「前年実績≒お店の現在の実力」という前提は成り立たなくなります。

　単年度実績で考えるとこのような誤差が大きくなりやすいため、より長期的にお店の実力をはかることができる「移動平均法」を使うことがあります。

　移動平均法とは、157ページ上の表のように、直近数ヶ年の平均値をスライドさせながら計算していく方法です。

移動平均法には、2ヶ年平均、3ヶ年平均、5ヶ年平均など、何年分の平均で計算するのか、いろいろな方法があります。ここでは簡易性と正確性のバランスから、一般的によく用いられる「3ヶ年平均」で説明します。

　引きつづき、次ページ上の表を見てみましょう。これは単年の売上高と3ヶ年平均売上高を示したものです。1年ごとの売上高の推移を見ると、好調な年度もあれば不調な年度もあります。これだけを見ても長期的な変動は見えてきません。

　そこで、3ヶ年平均の移動平均法で売上高を見ます。その計算方法は、まず2005年から2007年までの3ヶ年の売上高平均値を求め、それを2007年実績とします。次に2006年から2008年までの3ヶ年の平均値を求めて、それを2008年実績とします。これを繰り返します。

　それを次ページ下のグラフのように表すと、単年の売上高だけではわかりづらかった「売上高の動き」が見えてきました。長期傾向として、緩やかに右肩上がりになっていることがわかりますね。

　先ほどの化粧品店のケースを使って説明してみましょう。
　前年（2012年）の売上高が3,000万円、2年前（2011年）が3,400万円、3年前（2010年）が2,900万円と推移したならば、3年間の平均値である3,100万円が今年度の売上目標のベースになります。

　特に、毎年毎年の売上の増減幅が大きく、目標が立てにくいお店の場合は、この移動平均法を用いて長期の傾向をつかむ方法は有効です。

第6章 ■売上目標・売上計画を考えよう

## 数年分の実績から売上目標を考える

以下は単年の売上高と3ヶ年平均の売上高を比べたもの。単年で見ると増減しているが、平均すると右肩上がりになっている。

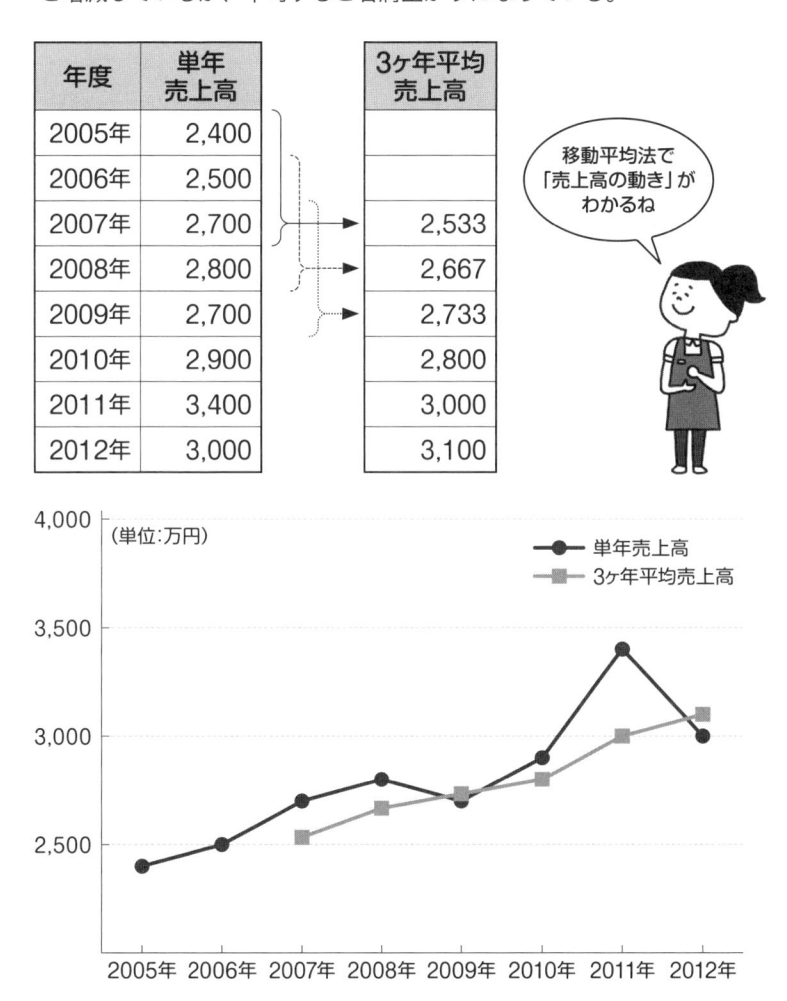

| 年度 | 単年売上高 | 3ヶ年平均売上高 |
|---|---|---|
| 2005年 | 2,400 | |
| 2006年 | 2,500 | |
| 2007年 | 2,700 | 2,533 |
| 2008年 | 2,800 | 2,667 |
| 2009年 | 2,700 | 2,733 |
| 2010年 | 2,900 | 2,800 |
| 2011年 | 3,400 | 3,000 |
| 2012年 | 3,000 | 3,100 |

移動平均法で「売上高の動き」がわかるね

# Chapter 6-2 必要利益から1年間の売上目標を逆算する

　つづいては、年間売上目標の2つのつくり方のうち、②必要利益から逆算して売上目標を設定する方法について紹介しましょう。

　この方法は意思決定による要素も強く、いろいろなシミュレーションをしなければならないので、①過去の実績から予測を立てて売上目標を設定する方法より、少し難易度が高くなります。

　しかし最終的に利益がなければ、お店の永続的な繁栄はあり得ません。店舗経営者というスタンスに立つうえでは、必要な利益を考えるのは最も重要なことです。

## 必要な売上目標の求め方

　この方法ではまず、「必要利益」を決定します。ここでは、借入金の返済、将来の投資（店舗改装・新規出店）など、お店の継続・発展のために必要な利益という意味を込めて、あえて「目標」ではなく「必要利益」という言葉を使いました。

　次は、経費計画を決めます。統制不能コスト（48ページ参照）は、特殊な事情がなければほぼ前年実績で計算すればよいでしょう。統制可能コストは、前年実績をベースに、新たに取り組む分・取りやめる分についての人員や販促の費用を加算・減算

して、概算のコスト計画を立てます。

そこに、商品戦略（価格戦略など）から、粗利益率の目標を立てます。そして、135ページで紹介した計算式を応用した以下の計算式より、年間売上目標を仮決定します。

> **これは重要！ 計算式**
>
> 目標利益達成点売上＝（販管費＋目標利益）÷粗利益率
> を応用して……
>
> **年間売上目標 ＝
> （必要利益 ＋ コスト計画）÷ 目標粗利益率**

その年間売上目標を達成するための具体的なアクションプランを考え、達成がイメージできたら完成です。

ここで達成がイメージできないのに、ただ数字合わせで数値目標だけを掲げても意味はありません。あくまでも実現可能な数値目標とアクションプランを立てることが必要です。

先ほどと同様に、前年の売上実績が3,000万円で、営業利益は100万円の化粧品店を例に挙げて考えてみましょう。

必要利益から逆算して売上目標を設定する場合は、前年の売上実績は無視して、店舗損益計算書の「コスト≒販管費（経費）」と「粗利益率」だけに着目します。

目標設定のはじめは、「いくら売るか」ではなく、「いくら利益を残すか」です。

このお店の前年の店舗損益計算書は次ページの図のようになっており、目標設定の条件は以下の通りとします。
① 3年後に大幅な店舗改装を考えており、そのためにも今年は200万円の営業利益が必要（必要利益）
② 統制不能コストは前年と変わらず900万円の見込み
③ 統制可能コストは、300万円で計画（今年は積極的に販促活動を行なおうと考え、前年の200万円にプラス100万円した300万円で計画）
④ 粗利益率は前年と同様に40％で計画（商品戦略や価格設定を変える予定はない）

計算式で考えると以下のようになります。

　売上目標＝（必要利益＋コスト計画）÷目標粗利益率
　　　　　　　　　　　　　↓
　　　　＝（200万円＋900万円＋300万円）÷40％
　　　　＝ 1,400万円 ÷ 0.4
　　　　＝ 3,500万円

　このような計算式により、3,500万円が売上目標となります。ここではじめて前年の売上実績3,000万円と比較して、どうやったら、この3,500万円の目標達成が可能かを検証・検討して、最終的な売上目標を決定します。

第6章 ■売上目標・売上計画を考えよう

## 必要利益から逆算して売上目標を考える

必要利益である200万円を確保するためには売上高がどれだけ必要かを考える。

### 店舗損益計算書(前年実績)

(単位:万円)

| 売上高 | a | 3,000 | | |
|---|---|---|---|---|
| 原価 | b | 1,800 | 原価率　60% | |
| 粗利益 | c | 1,200 | 粗利益率　40% | |
| 統制不能コスト | d | 900 | | |
| 統制可能コスト | e | 200 | | |
| 営業利益 | f | 100 | | |

### 今年の目標設定

(単位:万円)

| | | | | |
|---|---|---|---|---|
| 必要営業利益 | f | 200 【意思決定】 | | 前年実績+100 |
| 統制不能コスト | d | 900 【過去実績から見込みを立てる】 | | 前年と変わらない |
| 統制可能コスト | e | 300 | 【商品戦略により決定】 | 前年実績+100 |
| 必要粗利益 | c | 1,400 | 目標粗利益率 40% | f+d+e |
| 原価計画 | b | 【最後に「a-c」で計算】 | | |
| 売上目標 | a | 3,500 | ※必要粗利益 ÷ 目標粗利益率　1,400÷0.4 | 【営業戦略により決定】 |

> 実現可能な売上目標か、検証することが重要

売上目標を立てたら、前年の売上実績と比べて実現可能かどうかを考えてみよう。

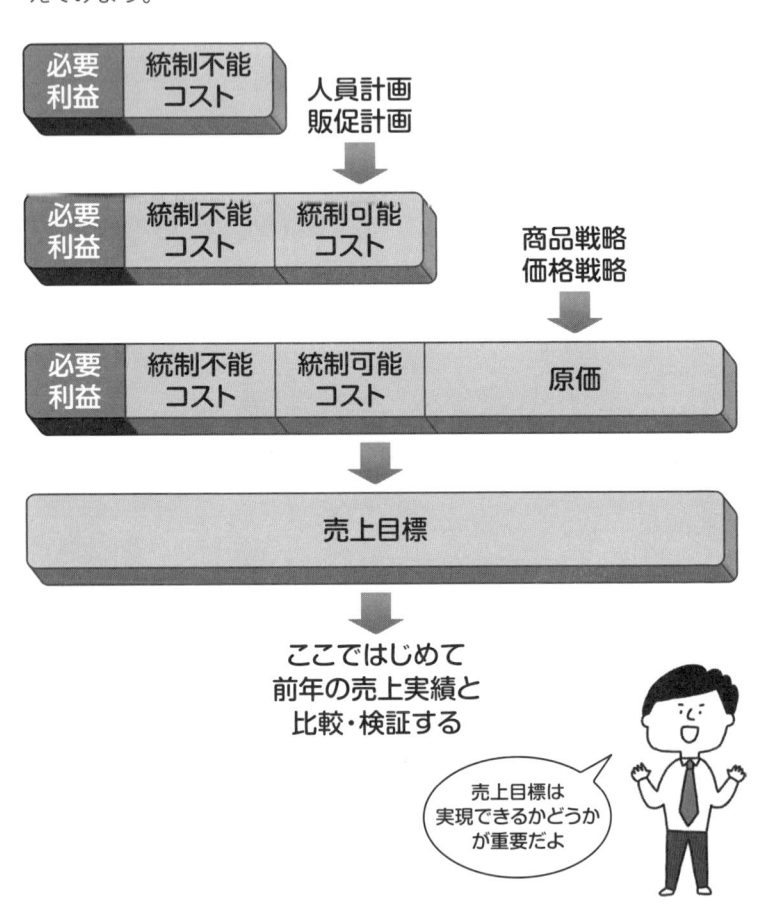

| 必要利益 | 統制不能コスト |
|---|---|

人員計画
販促計画
↓

| 必要利益 | 統制不能コスト | 統制可能コスト |
|---|---|---|

商品戦略
価格戦略
↓

| 必要利益 | 統制不能コスト | 統制可能コスト | 原価 |
|---|---|---|---|

↓

売上目標

↓

ここではじめて
前年の売上実績と
比較・検証する

「売上目標は実現できるかどうかが重要だよ」

# 3 月別目標・月別計画をつくる

Chapter 6

　つづいて、年間売上目標を月別目標に落とし込んでいく方法を考えます。年間売上目標を12ヶ月で割って、平均を出せばよいというわけではないですよね。

　業種業態によって、忙しい時季と暇な時季があります。多くの小売業では、俗に「2・8（ニッパチ）」といって、2月と8月が売れない時季となります。しかし、例えば洋菓子店ではバレンタインデーのおかげで、逆に2月が一番売れる月となっているなど、商品によっても売れる時季と売れない時季が異なる場合もあります。

## 季節指数を計算する

　売上変動にはこのようなクセ（傾向）がありますので、月ごとの目標・計画を立てるときには、まずその傾向をつかむ必要があります。定期的に一定の傾向で売上高が変動することを「季節変動」といい、季節変動を数字で表したものを「季節指数」といいます。季節指数は、以下の計算式で求められます。

> **これは重要！　計算式**
> 
> 季節指数 ＝ その月の売上高 ÷ 年平均の売上高

よく売れる月はその値が「1」より大きくなり、あまり売れない月は「1」より小さくなります。

先ほどの化粧品店を例に挙げてみましょう。年間売上高が、下図のように、3,000万円（月平均250万円）で、1月が225万円、2月が200万円、3月が300万円……とします。

## 季節指数で売上変動の傾向を押さえる

季節指数が「1」より大きい月は"よく売れる月"、「1」より小さい月は"あまり売れない月"ということになる。

| 月 | 売上高 | 季節指数 |
|---|---|---|
| 1月 | 225 | 0.90 |
| 2月 | 200 | 0.80 |
| 3月 | 300 | 1.20 |
| 4月 | 300 | 1.20 |
| 5月 | 275 | 1.10 |
| 6月 | 225 | 0.90 |
| 7月 | 225 | 0.90 |
| 8月 | 225 | 0.90 |
| 9月 | 300 | 1.20 |
| 10月 | 250 | 1.00 |
| 11月 | 250 | 1.00 |
| 12月 | 225 | 0.90 |
| 平均 | 250 | |
| 合計 | 3,000 | |

(単位：万円)

$$\frac{その月の売上高}{平均売上高}$$

商品や客層、立地によって売れる時季と売れない時季は異なるよ

この場合の各月の季節指数を計算すると、以下になります。
　1月＝225万円（1月売上）÷250万円（平均売上）で「0.9」
　2月＝200万円（2月売上）÷250万円（平均売上）で「0.8」
　3月＝300万円（3月売上）÷250万円（平均売上）で「1.2」

　ちなみに、一般の化粧品店では、季節の変わり目とメーカープロモーションの影響で3月、9月がよく売れ、反対に1〜2月、6〜8月は売上が低下します。

## 月別構成比を計算する

　季節変動や季節指数と同じような意味をもつ数値が、月別構成比です。

> **これは重要！　計算式**
> **月別構成比 ＝ その月の売上高 ÷ 年間売上高 × 100（％）**

　前ページの表のような月別売上高の化粧品店を例に考えてみましょう。

　年間売上高3,000万円（月平均250万円）で、1月が225万円、2月が200万円、3月が300万円……とします。この場合の各月の月別構成比を計算すると、以下のようになります。
　1月→225万円÷3,000万円で「7.50％」
　2月→200万円÷3,000万円で「6.67％」
　3月→300万円÷3,000万円で「10.00％」

## 2 年間売上目標を月別目標に落とし込む

つづいて年間売上目標を月別の売上目標に落とし込む方法を紹介します。月別目標は、年間売上目標に月別構成比を掛けて求めます。計算式は以下になります。

> **これは重要！ 計算式**
>
> 月別目標 ＝ 年間売上目標 × その月の月別構成比

これも、例を挙げて確認してみましょう。今年の年間売上目標は前年110％の3,300万円だとします。先ほどの月別構成比を使うと、各月の目標は以下のようになります。

1月→3,300万円（年間売上目標）×7.50％（1月構成比）
　＝247.5万円
2月→3,300万円（年間売上目標）×6.67％（2月構成比）
　＝220万円
3月→3,300万円（年間売上目標）×10.00％（3月構成比）
　＝330万円

※構成比は小数点第3位を四捨五入して表記

ただしここで出てきた目標値は、あくまでも過去実績にもとづく予測にすぎませんから、商品計画、販促計画（173ページ）といったお店の戦略も考え合わせて、月別目標を確定させていきます。年間計画（月別計画）のフォーマット例は、178ページにありますので参考にしてください。

## 月別構成比から月別目標を立てる

月別の売上目標は、年間の売上目標に月別構成比を掛けて求める。

| 月 | 売上高(万円) | 構成比 | 売上目標(万円) |
|---|---|---|---|
| 1月 | 225 | 7.50% | 247.5 |
| 2月 | 200 | 6.67% | 220 |
| 3月 | 300 | 10.00% | 330 |
| 4月 | 300 | 10.00% | 330 |
| 5月 | 275 | 9.17% | 302.5 |
| 6月 | 225 | 7.50% | 247.5 |
| 7月 | 225 | 7.50% | 247.5 |
| 8月 | 225 | 7.50% | 247.5 |
| 9月 | 300 | 10.00% | 330 |
| 10月 | 250 | 8.33% | 275 |
| 11月 | 250 | 8.33% | 275 |
| 12月 | 225 | 7.50% | 247.5 |
| 合計 | 3,000 | | |

| 年間売上目標 |
|---|
| 3,300万円 |

※構成比は小数点第3位を四捨五入して表記

これにさらに商品・販促計画も加味して目標値を決めるんだ

## Chapter 6

# 4 日別目標・日別計画をつくる

　売上目標の立て方の最後に、月別目標を日別目標に落とし込んでいく方法について考えてみましょう。

　日別目標への落とし込み方は、月のなかの繁閑の差（売れるときと売れないときの格差）にどのような傾向があるかによって違ってきますが、大きく分けて以下の4つの方法があります。

> **【日別目標の4つの考え方】**
> ①「日常売り」と「イベント（催事）売り」に分けて考える
> ② 10日ごと、もしくは5日ごとに分割して考える
> ③「平日の売上」と「休日の売上」で考える
> ④ 単純に営業日数で割る

## 日別目標の4つの決め方

　それでは、もう少し詳しく説明しましょう。

①「日常売り」と「イベント（催事）売り」に分けて考える
　セールや催事で大きく売上を見込んでいる場合は、まずイベントの売上目標(催事計画)を立てて、「月間目標－イベント売上目標」の計算式で、日常売上を計算します。

第6章 売上目標・売上計画を考えよう

② 10日ごと、もしくは5日ごとに分割して考える

例えば、月末になると売上が伸びるなどの傾向がある場合は、毎月、初旬（1日〜10日）、中旬（11日〜20日）、下旬（21日〜末日）に分割して、過去の売上実績を参考に、それぞれの旬ごとの売上構成比を計算します（構成比計算は前項で紹介した「月別構成比」と同じやり方です）。

先ほどの化粧品店の3月の日別目標を立ててみましょう。
まず、3月の目標330万円で、初旬の構成比30％、中旬の構成比が30％、下旬の構成比が40％とするならば、それぞれ10日間ごとの売上目標は以下のようになります。

初旬＝330万円（月別目標）×30％（初旬の構成比）
　　＝99万円
中旬＝330万円（月別目標）×30％（中旬の構成比）
　　＝99万円
下旬＝330万円（月別目標）×40％（下旬の構成比）
　　＝132万円

③「平日の売上」と「休日の売上」で考える

曜日ごとに「売れる曜日」「売れない曜日」の傾向がはっきりしている場合などは、この方法を取ります。

例えば、土日祝祭日が平日の2倍売れる傾向があるなら、土曜日、日曜日、祝祭日はそれぞれ2日とカウントして日別目標に割り振りをします。

土日祝祭日が11日、平日が20日ある月の場合は、以下の計算から42日として日別目標を立てます。

（11日（土日祝祭日の数）×2）＋（20日（平日の数）×1）
＝42日

　この月の目標を315万円とするならば、土日祝祭日の1日分の目標は、以下の計算から150,000円となります。

　315万円÷42日×2日分
　＝75,000円×2日
　＝150,000円

　平日の1日分の目標は、以下の計算から75,000円になります。
　315万円÷42日
　＝75,000円

④ 単純に営業日数で割る

　一見乱暴な感じもしますが、月末に売れる、曜日によって売上が変わるなどの傾向が見られないお店の場合は、単純に日割りしてしまったほうが現実的です。

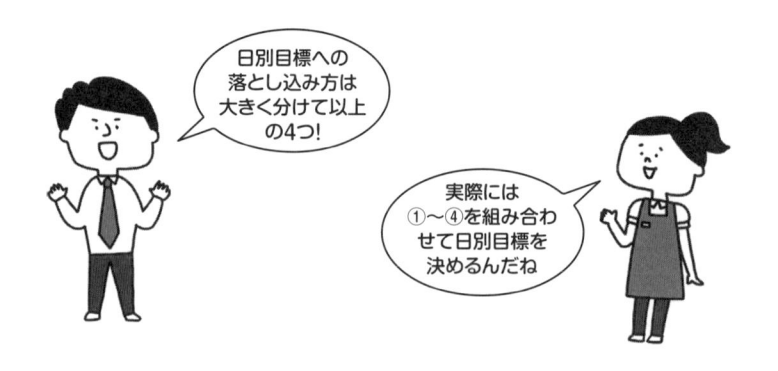

> 日別目標への落とし込み方は大きく分けて以上の4つ！

> 実際には①〜④を組み合わせて日別目標を決めるんだね

実際のお店では、前述した①〜④の方法を組み合わせて目標を決定します。

例えば、①の「日常売りとイベント（催事）売り」に分けてから、日常売りを、④の「単純に営業日数で割る」といった方法で目標を決めていきます。

## ７ 日別目標に沿って進捗（進み具合）を確認する

もちろん日々の目標意識をしっかりもって、数字で目標と実績を確認していくことは大切です。しかし、日別目標を設定する目的は、日々の売上目標の「達成」や「未達」を一喜一憂するためだけではありません。

日別目標は、年間の目標や月間の目標を達成させるために進捗状況（進み具合）を確認する、いわば工程表のようなものなのです。

もし目標通りに進捗していないなら、何らかの対策を考えなければ、立てた目標は「絵に描いた餅」になってしまいます。

ですから、180ページに例として紹介した月間計画（日別計画）内にもあるように、日々の売上計画と実績、累計の売上計画と実績の両方を、常に見ていくようにしましょう。

大切なのは単日（一日一日）の目標と結果だけでなく、累計（日々の積み重ね）の目標と進捗を意識することです。

## Chapter 6 販売計画書をつくる

　売上目標を設定したら、それを達成するための販売計画書をつくります。販売計画書には、売上金額とそれを達成させるための商品や方法などの具体策を書いていきます。

　販売計画書をつくるときに、マーケティングの4要素の「4P」の視点を押さえておくと、わかりやすくなります。
　4Pとは以下の頭文字を取ったものです。
　① Product（商品戦略）
　② Price（価格戦略）
　③ Promotion（プロモーション販促）
　④ Place（販売チャネル）

　小売業の場合は④のPlaceを「販売チャネル」といってもピンとこないと思いますので、意訳して「ターゲット顧客」と考えるとよいでしょう。

### ◪ もうかるお店は「誰に」「何を」「いくらで」「どうやって」

　お客様の価値観はさまざまです。すべてのお客様の価値観に合わせて、店づくり、品揃え、サービス、販促を行なうことは困難です。
　Aさんにとっては魅力的でも、Bさんにとってはまったく魅

力的でない……なんてこともよくあります。そこでその中間を取ったら、結局Ａさんからも Ｂさんからもソッポを向かれてしまった、なんてこともよくあります。

　ですから、ターゲット「誰に？」を明確にしてから、そのお客様を中心に置き、そのお客様が望んでいることに合わせて、商品・価格・販促を考えていかないと、統一感のないお店になってしまいます。

　もうかるお店に共通するのは、「誰に」「何を」「いくらで」「どうやって」の順番で考え、アクションを取っている点です。反対にもうからないお店では「どうやって売るか」しか考えられていないケースが多々あります。「どうやって売るか」という発想だけでは成果を上げることは困難です。
　ですから、「誰に」「何を」「いくらで」「どうやって」を明確にするために、販売計画書をつくることは重要なのです。

## 商品計画と販促計画から考えてみる

　よく①Product（商品戦略）と②Price（価格戦略）をまとめて「商品計画」とし、これと③Promotion（プロモーション販促）の「販促計画」の２つに大別して、販売計画書に落とし込むお店も多いようです。

　商品計画では、何を（商品構成）、いくらで（価格設定）、何個（販売数量）販売するかを決めます。
　すべての商品の単品別計画（アパレルなら「Ｔシャツ」「パンツ」など）を立てるのは大変です。そこで部門別計画（アパ

レルなら「カジュアルファッション」「フォーマルファッション」など）と、重点商品を3〜5品ぐらいに絞って計画を立てるとよいでしょう。

　その際には、41ページでもお話ししたように、売れている商品をもっと売り伸ばすことを基本として商品計画を組みます。もうかるお店は、この商品計画にもとづいて棚割り（どこに何個並べるか）を決めています。つまり、商品計画に沿って重点商品（売りたい商品）のフェイス数（平面的に見せる商品数）を決め、陳列スペースを大きく取っているのです。
　一方、もうからないお店では、現在の在庫数によってフェイス数、陳列スペースを決めています。ですからあまり売れていない（人気がない）けれど在庫のたくさんある商品が、売場を占拠していることがよくあります。

　また販促計画では、チラシやDMなどの広告媒体、販促イベントの内容、開催時期、開催期間中の販売目標、そして販促コストなどのポイントを決めておきます。
　ここでしっかり計画を立てておかないと、販促活動がマンネリ化したり、採算が取れなくなってしまったりします。
　また、毎年恒例の販促イベントなどで、年々効果（売上や集客）が下がっているものについては、開催時期や内容などを抜本的に見直しましょう。

第6章 ■売上目標・売上計画を考えよう

> 商品計画と販促計画から販売計画書を考える

マーケティングの4要素（4P）を商品計画と販促計画に落とし込むとこうなる。この2つの計画から販売計画書を考えるケースも多い。

**販促計画**

**商品計画** → ① **Product** 商品戦略（品揃え）

④ **Place** ターゲット顧客

③ **Promotion** 販促（売り方）

② **Price** 価格戦略（価格設定）

「この商品計画をもとに棚割りを決めるんだ」

「販促計画では売上や集客目標をきちんと考えよう」

# Chapter 6 目標はわかりやすく伝える

　変化に気付くための現状認識、戦略を考えるための数値分析をする際は、1％の変化でも大切であることをお話ししてきました。しかし、目標を全スタッフで共有するときは、少し話しが違ってきます。「細かさ」「正確性」よりも、「わかりやすさ」と「納得感」が大切になってきます。

## わかりやすさと持続力を兼ね備えた「目標」のポイント

　スタッフに目標値をわかりやすく伝え、目標達成への意識を継続させるためには、次の4点を押さえておくと便利です。

### （1）目指すこと（大目標）を一言で示す

　ふつうは「売上目標○○円」か「粗利益目標○○円」「営業利益目標○○円」などの目標を掲げることになります。

### （2）目標値は、できるだけ2桁にする

　ここでいう2桁とは、32万、320万など0以外の数字を2つ以内にするということです。

　例えば、前年売上実績が535,580円で、前年比105％が目標だとします。1円単位まで計算すれば、「売上目標562,359円」となるのですが、この場合、頭の2つの数字で切り上げ、「売上目標57万円」と、使う数字を2つまでにしましょう。

目標意識を共有するためには、ふだんから会話に出しやすく、覚えやすい数字を掲げる必要があります。そのためには細かな数字を示すより、2桁の数字にまとめたほうが実用的です。

### （3）大目標を達成させるために、重点目標を3つにする

　経験の浅いスタッフに、多くの重点項目を示す店長もいますが、重点目標は3つに絞り込んで指示をしましょう。メンバーの成熟度によりますが、一般的に重点目標がたくさんあると分散してしまい、単なる管理指標となってしまいます。

### （4）数値計画を達成するための行動を共有する

　この行動計画に落とし込むときに、「5W2H」で項目を整理して考えると、より具体的なアクションプランになっていきます。5W2Hとは、以下の7つの項目です。

## 行動計画に落とし込むための5W2H

目標を達成するために必要なアクションを5W2Hで考えてみよう。

| | |
|---|---|
| ①WHY | 目的：何のために？ |
| ②WHAT | 商品：何を？ |
| ③WHERE | 場所：どこで？ |
| ④WHEN | 時季：いつ（までに）？ |
| ⑤WHO | 誰が：責任者・担当者は？ |
| ⑥HOW | 方法：どのようにして？ |
| ⑦HOW MACH もしくはHOW MANY | 価格・量：いくらで、どのくらいの量を？ |

## 年間計画(月別計画)

| | 年間計 | 1月 | 2月 | 3月 | 4月 |
|---|---|---|---|---|---|
| 3年前　売上実績 | | | | | |
| 2年前　売上実績 | | | | | |
| 前年度　売上実績 | | | | | |
| 3ヶ年平均 | | | | | |
| 月別構成比 | | | | | |

| | | 年間計 | 1月 | 2月 | 3月 | 4月 |
|---|---|---|---|---|---|---|
| 今年度売上目標 | 単月 | | | | | |
| | 累計 | | | | | |
| 今年度売上実績 | 単月 | | | | | |
| | 累計 | | | | | |
| 商品計画<br>重点商品<br>金額 or 個数 | | | その月の重点商品の<br>・商品名<br>・売上金額 or 売上個数の目標<br>を書きます | | | |
| 販促計画<br>タイトル<br>売上計画 | | | その月に予定する販促イベントの<br>タイトル・イベント内容や、<br>集客目標・売上目標などを書きます。<br>また、必要に応じて販促コストを<br>書きます | | | |

| | 5月 | 6月 | 7月 | 8月 | 9月 | 10月 | 11月 | 12月 |
|---|---|---|---|---|---|---|---|---|
| | | | | | | | | |
| | | | | | | | | |
| | | | | | | | | |
| | | | | | | | | |
| | | | | | | | | |
| | | | | | | | | |

## 月間計画（日別計画）

| | 計画 | | 実績 | | |
|---|---|---|---|---|---|
| 合計 | 日別 | 累計 | 日別 | 累計 | |
| 1日 | | | | | |
| 2日 | | | | | |
| 3日 | | | | | |
| 4日 | | | | | |
| 5日 | | | | | |
| 6日 | | | | | |
| 7日 | | | | | |
| 8日 | | | | | |
| 9日 | | | | | |
| 10日 | | | | | |
| 11日 | | | | | |
| 12日 | | | | | |
| 13日 | | | | | |
| 14日 | | | | | |
| 15日 | | | | | |
| 16日 | | | | | |
| 17日 | | | | | |
| 18日 | | | | | |
| 19日 | | | | | |
| 20日 | | | | | |
| 21日 | | | | | |
| 22日 | | | | | |
| 23日 | | | | | |
| 24日 | | | | | |
| 25日 | | | | | |
| 26日 | | | | | |
| 27日 | | | | | |
| 28日 | | | | | |
| 29日 | | | | | |
| 30日 | | | | | |
| 31日 | | | | | |

第6章 売上目標・売上計画を考えよう

| 重点商品 | | | | イベントなど |
|---|---|---|---|---|
| Ⓐ | Ⓑ | Ⓒ | Ⓓ | |

重点商品の
商品名および売上目標を、
日別の欄には実績を書きます

イベントタイトル
・実施時期（期間）
・売上目標
・集客目標
・具体的展開方法
・重点商品
などを書きます

# 「お店の数字」に関わるQ&A

## Q1 たくさんの「お店の数字」があるけれど、どの数字から見ていけばいい?

Ⓐ：マクロからミクロへ（大きな数字から小さな数字へ）と確認していきます。例えば売上は、以下の順番になります。

① お店全体の売上
② 部門別の売上
③ 商品別の売上

　このとき、すべての数字をもれなく確認するよりも、「ここに（この商品に）原因（理由）があるのではないか」と仮説を立てて（あたりをつけて）数字を見ていくようにしましょう。

## Q2 「客数」を増やすために価格を下げたら、「客単価」が下がってしまった。どちらの数字が大切?

Ⓐ：「客数」も「客単価」もどちらも増やすのが理想ですが、現実にはこの2つの数字は二律背反（片方の数字を高めると、もう一方の数字が減る関係）になることがよくあります。

　このときに気を付けたいのが、「客数」も「客単価」も減らしたくないばかりに何もできず、ジリ貧になっていくことです。

　数字管理の目的は利益を増やすことにあります。「客数」と「客単価」のどちらを増やすのが最善かは、お店のコンセプトや状況によって異なります。よく考えて攻めていく姿勢も大切です。

## Q3 販促イベントの損益分岐点（131ページ参照）を計算すると利益が確保できない。そんなイベントは止めるべき？

**A**：目の前の損得だけでなく長期的な視点も大切です。

商品は「集客商品」「主力商品」「収益商品」の3つに分けられる（83ページ）のと同じように、販促イベントも、

① 新規のお客様を増やすため
② 既存のお客様の定着をはかるため
③ その場で利益を上げるため

という目的別に分けられます。もちろん、ひとつひとつの販促イベントでしっかりと収益確保できるようにすることが理想です。しかし、仮にひとつのイベントで赤字であっても、長期的に考えれば売上・利益アップにつながると判断したなら、そのイベントは実施すべきでしょう。

## Q4 さまざまな数字や比率があるけれど、どのくらいが妥当？

**A**：一般的な目安として、「営業利益率10％以上」「労働分配率は30〜40％」「交差比率は200％以上が理想で、100％未満は不可」などといわれますが、これは業種・業態によってかなり差があります。絶対的な目安というものはありません。

しっかり数字を押さえ、それぞれの数字がよい方向に進んでいるかどうかに注目するほうが大事だと考えましょう。

## Q5 在庫が多くて、新しい商品を仕入れられないときはどうしたらいい?

**A**：売場スタッフの感覚に頼っていると、商品の入れ替えが進まずに在庫が増えてしまう傾向があります。68ページで触れた「ABC分析」を使って、「C非主力商品」を把握しましょう。

売上が減少している商品は、自動的、機械的に陳列棚から外して、返品できるものは早めに返品し、それ以外の商品は見切り販売をして処分していくことです。

「まだ売れるのにもったいない」と思われるかもしれませんが、もっと売れる商品があるのに、それを仕入れられないほうが「もったいない」と考えましょう。

## Q6 新人スタッフにも「数字」を意識してもらうためには?

**A**：「数字を意識して行動しよう！」と呼びかけても、実際に責任を負わなければ、なかなか数字意識は育たないものです。

実際のコンサルティング現場でよく行なうのが、一通りの仕事を教えたら、個人別に担当商品を決めて、その商品の販売目標、仕入数量、陳列方法などを自分で考えさせ、数値結果を集計してもらう方法です。

そうしているうちに少しずつ「数字」に関心をもち、数字を改善させるための自主的な行動ができるようになります。論ずるより体験させることが近道です。

## Q7 アルバイトスタッフに最低限、徹底させておくことは?

Ⓐ：景気が悪いときほど、お客様は買い物で失敗したくないという気持ちが強くなります。そのため、お店ではお客様が納得して買えるような商品説明をすることが重要になり、スタッフにはより一層の「商品知識」が求められるようになります。そこで、まずは「売れ筋商品」と「おすすめ商品」を共有しておきます。

① 「売れ筋商品」の共有

「何が売れているか」「どのようなお客様が買っているか」「売れている理由は何か」をスタッフ間で共有しておきます。

② 「おすすめ商品」の共有

「おすすめ商品」と「おすすめする理由」を共有しておきましょう。スタッフにすすめられた商品のみならず、その接客サービスを気に入ってもらえれば、お店のファンを増やすことにもつながります。

## Q8 売上目標の達成が難しそうなときは、目標を修正すべき?

Ⓐ：目標は、スタッフの意識を統一させるための数字です。達成の見込みがまったく立たず、あきらめてしまった目標を掲げつづけていても、それはただ単に「管理するための数字」になってしまいます。意味のない目標は社員のモチベーションを下げるだけです。ただし、安易に売上目標を下方修正するのもよくありません。具体的な行動レベルでの挽回策を伴った目標修正をしていきましょう。

● おわりに ●

ここまで読んでいただき、ありがとうございました。

本書では、できるだけ数字を絞り込んで説明をしましたが、もうかるお店になるために頭に入れておきたい数字は以下の8つです。あとは計算で求められます。

①売上高（年間）
②期首在庫高
③仕入高（年間）
④期末在庫高
⑤経費総額
⑥経費のうち人件費（給料と福利厚生費）
⑦総労働時間（全スタッフのタイムカードの合計値）
⑧経費のうち販促費（広告宣伝費）

以下は、計算式で求められる数字のうち、特に注目したい数字です。

Ⓐ売上原価＝②期首在庫高＋③仕入高－④期末在庫高

正確な②と④の在庫高がわからない場合は、とりあえず売上原価＝③仕入高としておきます。

Ⓑ粗利益＝①売上高－Ⓐ売上原価
Ⓒ粗利益率＝Ⓑ粗利益÷①売上高
Ⓓ平均在庫高＝（②期首在庫高＋④期末在庫高）÷2

正確な②と④の在庫高がわからない場合は、現時点の在庫高（売価換算）で代用します。

Ⓔ商品回転率＝①売上高÷Ⓓ平均在庫高

Ⓕ交差比率＝Ⓒ粗利益率×Ⓔ商品回転率
Ⓖ営業利益＝Ⓑ粗利益－⑤経費総額
Ⓗ営業利益率＝Ⓖ営業利益÷①売上高
Ⓘ労働分配率＝⑥人件費÷Ⓑ粗利益
Ⓙ販促費率（効率）＝⑧販促費÷①売上高

　数字はあくまでも道具です。大切なことは、どの数字を、どのような場面で、どのように使うかです。たくさんの数字を押さえているのにもうかっていないお店では、数字を「現状の分析」のためだけに使っています。

　一方、もうかっているお店は、全体の現状の数字をざっくりつかんだうえで、数字を「仮説の検証」のために使っています。まず最初に目標を達成するための仮説（戦略）があり、その仮説通りの成果が出ているかどうか数字を使って検証するのです。

　最後に、読者にお願いです。本書にある数字を、できる限り自店（実情）に置き換えて考えてみてください。正確な数字がわからないものは、多少誤差があってもかまいませんので、大体このくらいだろうという数字で計算をしてください。

　そうすることによって、「お店の数字」は単なる「知識」ではなく、使える道具になっていきます。数字を上手く使って、厳しい時代であっても確実に利益を確保できるお店をつくってください。

著者

## 索引

### あ

- ABC分析 … 68
- 粗利益 … 17,30,33,78
- 粗利益目標 … 92
- 粗利益率 … 31,117
- 粗利ミックス … 47,83
- 1日当たり売上高 … 113
- 1日平均の予測販売量 … 122
- 移動平均法 … 155
- イニシャルコスト … 146
- 売上原価 … 17,31,102,128
- 売上合計額 … 21,58
- 売上構成比 … 69,91,169
- 売上高 … 17,52
- 売上高人件費比率 … 139
- 売上変動 … 163
- 売上目標 … 152
- 売上予測 … 141
- 営業外収益 … 27,35
- 営業外費用 … 27,35
- 営業利益 … 33,126
- 営業利益率 … 34

### か

- 買上客数 … 14,21,54
- 買上点数 … 21,57
- 買上率 … 54,65
- 買い頃価格 … 75
- 価格設定 … 78
- 拡大推計法 … 55
- 過剰在庫 … 110
- 期首在庫高 … 102,115,120
- 季節指数 … 163
- 期中仕入高 … 102
- 期末在庫高 … 102,115,120
- 客単価 … 14,54,57
- 許容人件費 … 141
- 許容費用 … 136
- 経常利益 … 27,36
- 経費 … 38,126
- 減価償却費 … 127,146
- 交差比率 … 118
- 固定費 … 127

### さ

- 在庫高 … 103
- 在庫日数 … 113
- 最小在庫量 … 122
- 採用コスト … 144
- 採用コスト率 … 144
- 仕入 … 18
- 仕入高 … 103

| | | | |
|---|---|---|---|
| 仕入値 | 79 | 損益計算書 | 26 |
| 仕入予算 | 120 | 損益分岐点売上 | 131 |

## た

| | | | |
|---|---|---|---|
| 仕入枠 | 120 | 滞店時間 | 66 |
| シェア | 60 | 調達期間 | 122 |
| 市場占有率 | 61 | 月別計画 | 163 |
| 品揃え | 90 | 月別構成比 | 165 |
| 視認率 | 65 | 月別目標 | 163 |
| 収益商品 | 83,88 | 定期発注方式 | 121 |
| 集客商品 | 83,86 | 定量発注方式 | 121 |
| 主力商品 | 68,83,87 | 適正在庫 | 112 |
| 準主力商品 | 68 | 店舗損益計算書 | 26 |
| 商圏人口 | 60 | 当期純利益 | 27,36 |
| 商品回転率 | 112,117 | 統制可能コスト | 48,130 |
| 商品計画 | 173 | 統制不能コスト | 48,130 |
| 商品構成 | 83 | 導線長 | 65 |
| 商品別売上 | 22,41 | 特別損失 | 27 |
| 商品力 | 84 | 特別利益 | 27 |
| 商品ロス | 82,107 | | |
| 初期値入率 | 99 | | |
| 人件費率 | 139 | | |
| 人事生産性 | 140 | | |
| 税引前利益 | 27,36 | | |
| 前年実績 | 154 | | |
| 相乗積 | 90 | | |
| 総費用線 | 131 | | |

## な

- 入店率 ……… 65
- 入店客数 ……… 66
- 値入 ……… 79,95
- 値入高 ……… 78
- 値入率 ……… 80
- 値引き ……… 81
- 値引き後の粗利益率 ……… 95
- 値引率 ……… 99
- 年間売上目標 ……… 154
- 延べ労働時間 ……… 140

## は

- 売価 ……… 79
- 発注点 ……… 122
- 販管費 ……… 28,33,126
- 販促計画 ……… 173
- 販売価格 ……… 79,98
- 販売計画書 ……… 172
- 販売費及び一般管理費→販管費
- 非主力商品 ……… 68
- 1人当たり買上点数 ……… 57
- 日別計画 ……… 168
- 日別目標 ……… 168
- 比率計算 ……… 19
- 平均在庫高 ……… 112,115
- 平均商品単価 ……… 57
- 変動費 ……… 127
- 変動費率 ……… 132

## ま

- マーケットサイズ ……… 60
- 見切り販売 ……… 97
- 店前通行客数 ……… 65
- 未入荷数量 ……… 122
- 目標粗利益率 ……… 99,159
- 目標消化率 ……… 99
- 目標成長率 ……… 152
- 目標利益達成点売上 ……… 134

## や

- 予算帯 ……… 74

## ら

- 来店客数 ……… 54
- ランニングコスト ……… 146
- 利益 ……… 26
- 離職率 ……… 145
- リードタイム ……… 122
- 累積構成比 ……… 68
- 労働分配率 ……… 139
- ロス額 ……… 106
- ロス率 ……… 106

山田公一（やまだ こういち）
株式会社船井総合研究所、経営コンサルタント。大手化粧品会社で11年にわたり営業、販売スタッフ及び小売店指導に従事。2001年船井総研入社後、その経験から「数字で考え果敢に攻める」と「企業繁栄の鍵は現場における人材作り」を信条として、幅広い業種で社員にわかりやすい"業績向上研修""現場レベルの目標管理研修"などを行なっている。

Funaiコミュニケーションダイヤル（経営相談窓口）：
Tel. 0120-958-270

売上を伸ばす・利益を出す

## やさしくわかる「お店の数字」

2013年2月20日　初版発行

著　者　山田公一　©K.Yamada 2013
発行者　吉田啓二
発行所　株式会社日本実業出版社　東京都文京区本郷3-2-12　〒113-0033
　　　　　　　　　　　　　　　　大阪市北区西天満6-8-1　〒530-0047
　　　　編集部　☎03-3814-5651
　　　　営業部　☎03-3814-5161　振替　00170-1-25349
　　　　　　　　　　　　　　　　http://www.njg.co.jp/
　　　　　　　　　　　　　　　印刷／三省堂印刷　製本／共栄社

この本の内容についてのお問合せは、書面かFAX（03-3818-2723）にてお願い致します。
落丁・乱丁本は、送料小社負担にて、お取り替え致します。
ISBN 978-4-534-05043-4　Printed in JAPAN

## 日本実業出版社の本

下記の価格は消費税(5%)を含む金額です。

# あなたのお店を応援します！

**好評既刊**

**これだけは知っておきたい 儲かる飲食店の数字**
河野祐治＝著
定価 1,470円 (税込)

**小さなお店をつくって成功する法**
たかはたけいこ＝著
定価 1,365円 (税込)

**繁盛店をつくる立地選び**
﨑元則也＝著
定価 1,680円 (税込)

**つい入りたくなるお店がやっている 手書き店頭ボードの描き方・作り方**
中村心＝著
定価 1,575円 (税込)

定価変更の場合はご了承ください。